CHANTS POPULAIRES

RECUEILLIS

DANS LE PAYS MESSIN

MIS EN ORDRE ET ANNOTÉS

PAR LE C^{TE} DE PUYMAIGRE

NOUVELLE ÉDITION
AUGMENTÉE DE NOTES ET DE PIÈCES NOUVELLES

TOME I

PARIS
H. CHAMPION, LIBRAIRE
Quai Malaquais, 15

NANCY	METZ
SIDOT FRÈRES, LIBRAIRES	SIDOT FRÈRES, LIBRAIRES
Rue Raugraff	Rue des Jardins

1881

CHANTS POPULAIRES

DU MÊME AUTEUR

Poètes et Romanciers de la Lorraine. 1 vol. in-12.
Les vieux Auteurs castillans. 2 vol. in-12.
La Cour littéraire de Don Juan II. 2 vol. in-12.
Petit Romancero, vieux chants espagnols, 1 vol. in-18.
Romancero portugais. 1 vol. in-18.
Le Victorial. Chronique de Don Pedro Niño, traduit d'après le manuscrit en collaboration avec M. le comte Albert de Circourt. 1 vol. in-8º.

Nancy, imp. Berger-Levrault et Cie.

CHANTS
POPULAIRES

RECUEILLIS

DANS LE PAYS MESSIN

MIS EN ORDRE ET ANNOTÉS

PAR LE Cᵀᴱ DE PUYMAIGRE

SECONDE ÉDITION
AUGMENTÉE DE NOTES ET DE PIÈCES NOUVELLES

TOME I

PARIS
H. CHAMPION, LIBRAIRE
Quai Malaquais, 15

NANCY	METZ
SIDOT FRÈRES, LIBRAIRES	SIDOT FRÈRES, LIBRAIRES
Rue Raugraff	Rue des Jardins

1881

AVANT-PROPOS

De nombreux changements ont été faits dans cette nouvelle édition. Nous les indiquerons rapidement. La nomenclature des ouvrages consultés a été fort augmentée. Toutes les notes ont été soigneusement revues; plusieurs ont reçu plus de développements. M. G. Paris nous avait reproché avec raison l'oubli d'une table. Cette omission a été réparée.

Nous publions une assez grande quantité de chansons nouvelles, communiquées la plupart par M. Auricoste de Lazarque. Nous donnons aussi quelques petites pièces dont nous ne nous étions pas occupé d'abord; elles sont connues dans le pays sous le nom de *Daillements.* Elles ont été recueillies pour nous par M. V. Vaillant, rédacteur en chef du *Vœu national,* de Metz.

Les textes patois ont été revus par une personne qui connaît parfaitement le langage dans lequel fut écrit *Chan Heurlin :* M. Juste, de Verny.

M. Weckerlin, bibliothécaire du Conservatoire, à qui les amis de la poésie populaire doivent tant de reconnaissance, a eu la complaisance de rectifier quelques-unes des notations musicales de ce recueil.

Que nos obligeants collaborateurs veuillent bien recevoir tous nos remerciements.

M. F. Bonnardot, connu par ses travaux philologiques, a mis à notre disposition un certain nombre d'anciennes chansons messines provenant d'un manuscrit d'Épinal. Elles nous sont arrivées trop tard, nous ne dirons pas : malheureusement, parce que nous y voyons le point de départ d'un autre recueil, parce que nous espérons bien nous associer à M. Bonnardot, non-seulement pour les mettre au jour, mais encore pour publier une collection inédite datant du xiiie siècle, et contenant, outre beaucoup de pièces de genres divers, un grand nombre d'airs notés.

Au nom de tous les poètes inconnus dont les improvisations abruptes ont été réunies ici, nous devons remercier les littérateurs allemands, espagnols, italiens, portugais, qui ont fait bon accueil à notre collection : MM. Liebrecht, Milà y Fontanals, Pelay-Briz, G. Pitrè, S. S. Marino, Nigra, Comparetti, Braga.

En France, plusieurs critiques éminents se sont occupés aussi de notre recueil. Il est vrai que l'un d'eux, s'il a daigné y puiser très-largement, n'a pas jugé à propos d'indiquer le pauvre livre auquel il faisait tant d'emprunts... forcés. Son article, inséré d'abord dans un journal, a reparu dans un volume intitulé *Barbares et bandits.*

Plus récemment, M. André Theuriet s'est intéressé au même sujet, mais c'est de la manière la plus gracieuse qu'il a cité le volume qu'il parcourait. Il est impossible de mieux parler de nos vieilles chansons que ne l'a fait M. Theuriet, de mieux les mettre en relief, de les encadrer dans des pages plus charmantes, plus vivantes. Si des lecteurs sévères et grincheux trouvaient que nous avons perdu bien du temps à des labeurs futiles, nous les renverrions à cette délicieuse étude, imprimée d'abord dans la *Revue des Deux-Mondes,* et insérée aujourd'hui dans le joli volume : *Sous Bois.* Elle les raccommoderait avec la poésie populaire.

Paris, 12 mars 1881.

PRÉFACE

DE LA PREMIÈRE ÉDITION

Après avoir essayé de tout, notre siècle se met à goûter de la poésie populaire, à l'exemple de ces gens blasés qui soudainement se prennent de passion pour les plaisirs champêtres et y cherchent une nouveauté d'impressions que leur refusent les plaisirs trop connus du monde.

Nous avons été accablés de tant de recueils de vers, de tant de rimes riches, de tant d'odes, de tant d'élégies, de tant de sonnets, de tant d'échos de ce qui avait été trouvé beau, de tant de sentiments non réellement sentis mais reflétés! Je comprends que, lassés de toutes ces redites, de tous ces pastiches, des lettrés se soient mis à la recherche de vers qui n'en sont pas, de rimes qui ne riment pas, de créations abruptes qui ont le décousu de l'improvisation, le désordre inhérent à la transmission orale, et qui se sont perpétuées dans une langue à consterner les lexicographes.

En France, cependant, nous sommes plus classiques que nous ne le croyons. Malgré la révolution romantique qui a fait de la fin de la Restauration le 89 de la littérature, nous avons conservé bien des préjugés; nous ne nous sommes pas dégagés de nos souvenirs de collége; nous avons gardé, en fait de goût, des penchants aristocratiques qui, pendant longtemps, nous ont fait considérer avec dédain les trivialités, les locutions vicieuses de la vieille Muse rustique à qui Montaigne a rendu un bel hommage cité déjà bien des fois.

Cette poésie populaire, chez nous longtemps dédaignée, a trouvé chez les autres nations, et souvent dans les classes les plus érudites, de patients investigateurs : en Angleterre, Walter Scott, Percy, Dixon; en Allemagne, Uhland, Goerrez, Wolf, Mitler, Schaade; en Bohême, Waldau; en Danemark, Grundtvig, Abrahamson; en Suède, Geyer et Afzelius; en Roumanie, Alexandri; en Pologne, Waldbrühl; en Belgique, Hoffmann; en Hongrie, Mailhath; dans la Vénétie, Vidter, Adolphe Wolf et Dalmedico; en Espagne, don Augustin Duran, don José Amador de los Rios, don Manuel Milà y Fontanals; en Portugal, Almeida Garrett; dans la Servie, Talvj et Tommaseo qui, dans son vaste recueil, a aussi rassemblé des poésies grecques, corses, illyriennes, italiennes; les chants toscans ont été recueillis par Tigri, ceux du nord de l'Italie par Marcoaldi, ceux du Piémont par M. le chevalier Nigra dont j'aurai tant de fois, dans ce recueil, à rappeler les beaux travaux. Cette nomenclature est bien loin d'être complète[1].

---

1. Bien des noms seraient aujourd'hui à ajouter à cette liste; citons-en quelques-uns : pour l'Italie, Bernoni, G. Pitré, Salomone Marino, Avolio, Guastella, Imbriani, Ferraro, Gianandrea, Sabatini, Bolza, Mattia di Martino; pour la Catalogne, Pelay Briz; pour le Portugal, Braga, Hardung, E. da Veiga, Beller-

Nous étions si fortement sous l'influence de certains préjugés, que la muse populaire ne nous a plu qu'à la condition d'être étrangère. Nous avons fait bon accueil aux ballades de l'Écosse traduites par M. Artaut, aux chants des peuples du Nord et aux chants grecs traduits les uns par M. Marmier, les autres par M. Fauriel, justement parce qu'en passant dans notre langue ces chants avaient pris un aspect plus artistique, parce qu'ils s'étaient forcément dépouillés de la grossièreté que donne un idiome rustique, parce que nous avons de la peine à nous faire à des vers composés sans préoccupation des rimes, de la mesure, de la grammaire, parce que la langue qu'ils parlent, avec ses tournures de phrases étranges, ses liaisons capricieuses, ses mots inconnus des dictionnaires, nous choque bien plus que ne le ferait le patois. La première fois, si je ne me trompe, que notre hautaine littérature daigna sourire à notre poésie populaire, ce fut lorsque celle-ci se présenta sous les auspices de M. de la Villemarqué. Si elle fut honnêtement accueillie, c'est qu'elle s'offrit dans les mêmes conditions que les chants étrangers dont je parlais tout à l'heure : elle s'exprimait en belle et bonne prose française ; les trivialités s'étaient atténuées dans une élégante traduction. Du recueil de M. de la Villemarqué, du *Barzas Breiz*, me paraît toutefois dater l'intérêt que nous avons commencé à porter à la poésie rustique. Bientôt elle obtint la haute protec-

---

mann ; pour l'Albanie, de Rada, Camarda ; pour la Grèce, Marcellus, Legrand, Passow ; pour la Russie, Rambaud, Chodzko ; pour l'Allemagne, Reiffercheid, et nous renvoyons le lecteur désireux de compléter cette nomenclature à la liste très-ample de poésies populaires que ce dernier a donnée en tête de ses *Westfælische Volkslieder*.

tion d'un ministre. Sur un rapport de M. Fortoul, un décret du Président de la République, daté du 13 septembre 1852, ordonna la publication des chants populaires de la France. Le décret a été rapporté, mais il a du moins stimulé quelques recherches particielles [1]. Gérard de Nerval écrivit de charmantes pages sur les vieilles chansons de l'Ile-de-France [2]; M. de Beaurepaire fit de celles de la Normandie une curieuse étude ; M. de Coussemacker rassembla les chants des Flamands de France; M. Champfleury demanda à toutes nos. provinces de contribuer à la formation d'un élégant recueil ; la Société d'Archéologie de Nancy prêta l'oreille à d'antiques et abrupts couplets; M. Damase Arbaud réunit les chants populaires de la Provence ; M. Tarbé publia son grand *Romancero de Champagne*..... Je veux suivre ce bon exemple et ouvrir un asile à quelques-uns des chants populaires, de jour en jour moins nombreux, qui se fredonnent dans les lambeaux du Barrois, de la Lorraine, de la province des Trois-Évêchés et du Luxembourg dont l'agrégation a formé le département de la Moselle.

Ce sont ces derniers mots que, pour employer une désignation exacte, j'aurais dû inscrire sur le titre de ce recueil. Mais ce nom de département a quelque chose de moderne, d'administratif, de préfectoral, de bureaucratique qui s'accorde très-peu avec la poésie populaire. J'avais besoin de circonscrire mes recherches, je les ai

---

1. Après ce décret, le *Comité de la langue, de l'histoire et des arts de la France* s'occupa assez activement à le mettre à exécution, provoqua de nombreuses recherches et publia, t. 1, p. 217 de son *Bulletin*, d'intéressantes instructions sur les poésies populaires. Ce morceau était de M. Ampère.
2. Dans la *Bohême galante* et les *Filles du feu*.

renfermées dans les limites créées par une organisation assez récente, mais je n'ai pas voulu pousser plus loin la ressemblance avec un Annuaire ou une Statistique, et j'ai pensé que l'on me permettrait d'employer la dénomination de Pays Messin dans un sens plus étendu qu'en réalité elle ne l'eut jamais.

Dans les Asturies on parle un dialecte et on chante des romances en castillan ; même phénomène a lieu dans notre pays : dans des villages où l'on parle patois, on chante des chansons en français, elles sont de genre assez varié. Celles-ci, tenant — de bien loin — à la ballade, offrent une sorte de récit, d'action ; celles-là sont dictées par la fantaisie ; d'autres ont été inventées ou importées par des soldats ; d'autres encore sont le reflet de la vie privée rustique. Je voudrais pouvoir dire que mes recherches ont amené la trouvaille de chants historiques, mais pour la partie française et patoise de cette collection, mes investigations dans cette voie n'ont pas été très-heureuses.

J'aurais pu, m'autorisant d'assez nombreux exemples, emprunter quelques chansons au recueil de M. Leroux de Lincy, notamment plusieurs pièces sur le siège de Metz [1]. J'aurais pu extraire aussi certaines pièces des chroniques d'Aubrion [2] et de Philippe de Vigneulles [3] ; j'aurais

---

1. *Recueil des Chants historiques français,* tome II, page 190 et suivantes.

2. *Chronique d'Aubrion,* publ. par M. L. Larchey, p. 4 et 256.

3. *Chronique de Metz,* publiée par M. Huguenin, p. 274, 439, 516, 688, 669, 860, 861, et *Mémoires de Philippe de Vigneulles,* publiés à Stuttgart, par M. Michelant, p. 71, 132, 155, 298. Dans ce curieux livre, Philippe de Vigneulles parle avec grand éloge du talent poétique d'un de ses contemporains, Jehan Mangin : « Ce fut un second Françoys Villon de bien rimer, de bien juer

pu même donner des vers inédits relatifs à la guerre que nous fit le roi Jean de Bohême : le *Sermon du Papegay*, la *Prophétie de maître Lambelin*, le *Pater noster de la guerre de Metz*, le *Credo de Henri de Hez*, le *Benedicite de Louis de Poitiers*[1], etc.; mais ces morceaux n'ont véritablement rien de populaire et m'auraient semblé entièrement sortir du plan que je me suis proposé. Quant aux *Noëls* qui étaient répandus dans le Pays Messin, je n'ai pas cru devoir, non plus, les publier dans ce volume; ils ont déjà trouvé place dans des recueils, devenus assez rares à la vérité, mais qui ne sont pas introuvables, et dont sans doute quelque autre ami de la poésie populaire songera un jour à tirer les éléments d'une publication spéciale.

Si les chants patois que j'ai pu recueillir ne sont pas très-abondants, ni souvent très-remarquables, ils peuvent avoir un certain intérêt sous le rapport de la linguistique. De grands écrivains ont mis les patois à la mode. Joseph de Maistre les a considérés « comme des mines presque intactes dont il est possible de retirer de grandes richesses historiques et philologiques ». Charles Nodier a résumé ses vives sympathies pour eux en disant : « Si les patois

---

« fairxe et de tout esbatement tellement qu'on ne cuide point « avoir veu son pareil en Metz (p. 145). »

1. On lit ces diverses pièces à la suite d'une chronique rimée sur la guerre des Quatre-Seigneurs (Bibl. de Metz, ms. n° 8). Je n'avais pas cru devoir accueillir ici ces différents morceaux, mais je comptais bien les publier un jour, ainsi que la chronique dont ils forment comme le complément. Depuis que j'ai écrit cette préface, ces pièces ont été publiées par M. de Bouteiller dans son beau volume : *La Guerre de Metz*, Paris, Didot, 1875.

n'existaient plus, il faudrait créer des académies pour les retrouver. » Bien d'autres plumes célèbres ont été taillées en leur honneur. Partout on publie des glossaires patois, des poésies patoises. Il est temps, du reste, que l'on s'occupe de ces vestiges, car l'instruction primaire leur fait une guerre acharnée et bientôt sans doute ils auront entièrement disparu. D'après un rapport du député Grégoire, le 16 prairial an XI, il existait en France plus de trente patois principaux et dix millions de Français ne parlaient pas d'autre langage. Nous sommes loin de là aujourd'hui, et ce sont presque des articles nécrologiques que les études consacrées à nos vieux dialectes; aussi dans ces études sont-ils représentés comme doués de toute espèce de qualités. Je n'ai ni le temps, ni le savoir nécessaires pour vouloir ajouter de nouvelles hypothèses à celles qui ont déjà été produites, et je les analyserai en peu de mots. Cette question des patois se rattache à celle de l'origine des langues modernes et ne peut guère aboutir qu'à des suppositions. Suivant beaucoup de philologues, après la conquête de César, le latin s'implanta dans les Gaules, d'où il fit disparaître les idiomes des vaincus, non sans toutefois s'en être incorporé une partie assez notable pour en être lui-même fort altéré.

Dégénérant de plus en plus et grossi par de nombreux restes des idiomes autochthones et par le mélange de dialectes apportés par diverses invasions, ce latin corrompu devint la langue romane d'où procède notre français actuel. Barbazan a prétendu que les langues qualifiées par nous de néo-latines et que la basse latinité elle-même dérivèrent d'un roman primordial et créateur qui aurait été la langue d'oïl. Raynouard a rajeuni cette opinion, mais en attribuant à la langue d'oc le rôle dont on avait fait honneur au roman du Nord. Selon lui, le latin, en se mêlant aux dialectes des conquérants barbares, produisit un dialecte nouveau qui devint en usage dans toutes les contrées soumises à la domination romaine et produisit le français, l'espagnol, l'italien, le portugais. Cette hypothèse a été vivement combattue par Fauriel, entre autres ; il trouva pour le faire des armes en abondance dans les *Antiquitates Italicæ medii ævi,* mais ne cita peut-être pas assez souvent l'arsenal qui les lui avait fournies. Quoi qu'il en soit, Fauriel pense que les langues modernes sont nées — comme on l'a dit tout à l'heure — du mélange du latin et des dialectes aborigènes sur lesquels il s'était répandu. C'est à ces dialectes même que d'autres écrivains ont voulu faire remonter les patois ; ils ont cité certains mots : *alouette, bec,* par exemple, qui, d'après le témoignage d'auteurs latins, faisaient partie des idiomes gaulois dont les dernières altérations subsisteraient encore dans les patois de certaines provinces. Ils ont fait valoir que beaucoup de mots latins sont doubles : pour champ, *ager* et *campus;* pour chou, *brassica* et *caulis;* pour pluie, *imber* et *pluvia;* pour feu, *ignis* et *focus;* pour chat, *felis* et *catus;* pour chemin, *iter* et *via;* pour cheval, *equus* et *caballus,* etc., etc. Ils ont ajouté que de ces mots doubles l'un appartient toujours aux anciennes langues de la France, de l'Espagne, de l'Italie, dans lesquelles on les retrouve encore plus ou moins modifiés ; que la seule manière d'expliquer la présence simultanée dans les patois celtiques et dans le latin de l'un de ces deux mots qui se côtoient dans le vocabulaire de Rome, c'est de convenir que le latin l'a emprunté à ces patois[1]. Tout ce système n'est pas aussi neuf que

---

1. *Histoire des patois,* par Pierquin de Gembloux, p. 145.
Une opinion analogue a été soutenue plusieurs fois en Italie :

l'ont peut-être cru MM. Granier de Cassagnac et Pierquin de Gembloux. L'auteur d'un petit volume publié en 1828 ¹, M. Fallot, dont la science a déploré la mort prématurée, a, dès cette époque, été beaucoup plus loin : il a soutenu très-hardiment que nos patois ne sont pas de vils bâtards du latin, mais qu'au contraire ils figurent au nombre de ses ancêtres. Suivant M. Fallot, nos patois existaient bien avant la conquête romaine et formaient la véritable langue gallicane, tout à fait distincte de la langue celtique. Les Romains n'auraient été autre chose que des envahisseurs, composés principalement de Teutons et de Gaulois; ils seraient partis des bords du Rhin, et de leur mélange avec les Sabins et d'autres peuples de l'Italie serait née la langue dans laquelle Virgile devait écrire un jour, et où l'on retrouve un certain nombre de mots allemands et de mots appartenant encore à nos patois, notamment à ceux de Franche-Comté, de Lorraine et d'Alsace ². Je n'indique que très-brièvement les idées de M. Fallot, idées pour lesquelles il a dépensé beaucoup d'esprit et d'érudition, mais dont l'ensemble, résumé par Romulus Gaulois,

---

Leonardo Bruni prétendit, au quinzième siècle, que l'italien est aussi ancien que le latin. Plus tard, Bembo partagea cette manière de voir, et enfin Quadrio, dans sa *Storia d'ogni poesia*, s'efforça de prouver que l'italien était antérieur au latin.

1. *Recherches sur le patois de Franche-Comté, de Lorraine et d'Alsace*, par S. F. Fallot, de Montbéliard. — Montbéliard, de l'imprimerie de Decker, 1828, un petit in-12.

2. M. Fallot a lui-même été précédé dans cette voie par un Allemand du siècle dernier, Jean-Nicolas Funck. Celui-ci, dans un livre très-curieux et très savant : *De origine linguæ latinæ tractatus* (Geissen, 1720, in-4º), a cherché à démontrer que le latin est originaire de la Germanie. — Niebuhr et Ottfried Müller ont attribué une origine germanique aux Étrusques.

fait un peu l'effet du résultat d'une gageure singulière. Bien avant les recherches de M. Fallot, les patois de l'Est avaient donné lieu à une autre publication : *Essai sur le patois lorrain des environs du Ban de la Roohe, fief royal d'Alsace*, par le s^r Oberlin (Strasbourg, 1775). Suivant Oberlin, « le fond de ce patois est le vieux langage fran-
« çois du XIIIe siècle environ, que des gens occupés conti-
« nuellement au labour ne se sont pas avisés de changer
« contre le françois qui s'est purifié par degré ». Dans ce patois, ajoute-t-il, « il se glissa, par la succession du temps,
« beaucoup de corruption, et la fréquence des relations
« avec l'Allemagne y amena des mots, des tournures de
« phrase de source étrangère ». L'auteur, à la fin de son travail, donne divers échantillons de ce vieux français dont, d'après lui, nos patois sont restés une sorte de spécimen ; il cite, entre autres fragments, une traduction de la Passion de Notre-Seigneur suivant saint Matthieu, traduction qui fut faite pour le diocèse de Metz vers 1198. Cette citation ne me paraît pas à l'appui du système d'Oberlin. Si l'on veut, du reste, parcourir la *Grausse Enwaraye messine* [1], qui fut imprimée en 1615, on avouera que le patois dont elle est l'un des plus anciens échantillons ne ressemble guère à la langue d'oïl.

A la source du patois messin il y eut sans doute d'autres éléments que ceux dont se forma le picard, lequel se rapproche le plus de la langue d'oïl ; il y eut probablement les mêmes principes que pour le wallon ou rouchi,

---

1. Une nouvelle édition de la *Grausse Enwaraye* a été donnée par Techener, à 70 exemplaires. Elle ne contient, du reste, ni explications, ni glossaire. Son éditeur prétend qu'on peut l'entendre à l'aide du *Vocabulaire austrasien* de D. Jean François ; l'a-t-il essayé ?

et ce n'est pas sans raison que dom Jean François fit entrer le premier de ces noms dans le titre de la seconde édition de son *Vocabulaire austrasien* [1]. Quant au patois que l'on verra employé dans nos chansons populaires et qui est assez moderne, il offre assurément un certain nombre de termes originaux ; mais une grande partie de ces mots sont des mots français mal prononcés, tels qu'on en trouve un si grand nombre dans *Chan Heurlin*, et ne me semblent pas faits pour exciter l'intérêt des philologues. Bien qu'ayant de grandes ressemblances, les patois ne sont pas exactement les mêmes dans les divers lieux qui nous ont fourni des chansons populaires. Les unes nous sont venues des environs de Metz, du vrai Pays Messin, les autres des alentours d'Audun-le-Roman ; ces différences d'origine expliqueront l'absence de complète identité [2].

Je m'étais d'abord proposé d'augmenter cette collection de chants allemands, mais ce complément, qui exige encore bien des recherches, deviendra l'objet d'une publication ultérieure. Je ne veux pas toutefois que cet ajournement retarde tous les remerciements que je dois à M. le baron Charles de Schmid ; ses recherches si obligeantes

---

1. *Dictionnaire roman, wallon, celtique et tudesque*, par un Bénédictin, Bouillon, M.DCCLXXVIII.

2. Le patois offre dans sa prononciation des dissemblances notables : dans tel village on emploie un *a* là où dans d'autres villages on se sert d'un *o*. L'espèce de confusion qui existe entre ces deux voyelles se rencontre jusqu'à un certain point dans les dialectes méridionaux. Ainsi à Nice le son de l'*a*, final de beaucoup de mots, ressemble à celui de l'*o*, que bien des personnes sont d'avis de lui substituer comme cela a lieu dans le provençal. J'ai cherché, pour la commodité du lecteur, à rapprocher l'orthographe du patois de l'orthographe française. Comme nous n'avons pas l'habitude de faire sentir le *r* final de nos verbes

ont été, aux environs de Sarralbe et de Sarreguemines, récompensées par d'intéressantes découvertes dont je profiterai plus tard.

Beaucoup des chants allemands répandus dans notre province n'en sont, du reste, pas originaires et viennent d'au delà du Rhin. De même, un grand nombre des chansons françaises que je vais réunir ne sont pas nées dans les lieux où elles ont été rencontrées ; je ne les donne pas comme du Pays Messin, mais comme y ayant été recueillies. Il serait souvent impossible de dire de quelles contrées sont parties ces vagabondes, qui tantôt semblent avoir quelque chose de méridional, tantôt paraissent de race normande.

L'acte de naissance ne peut être donné avec certitude que pour des compositions en fort petite quantité. Le patois n'est même pas toujours un indice d'originalité : ainsi notre chanson de *la Gaye* existe aussi en Franche-Comté. Le doute où je me trouvais touchant la généalogie de plusieurs chansons ne m'a pas empêché de leur faire bon accueil, car il peut être curieux de les conserver n'importe d'où elles sortent. Il est bien entendu cependant que je n'ai pas laissé entrer dans ce recueil des chansons

---

de la première conjugaison, j'ai écrit, sauf les exceptions dont je parlerai tout à l'heure, les infinitifs patois qui y correspondent de la même manière que je l'eusse fait dans notre langue. Je ferai seulement remarquer que la dernière syllabe *er* doit avoir à peu près le son de *et*. J'ai écrit au masculin les adjectifs et les participes terminés en *é* comme nous le faisons en français. Je me suis écarté de cette règle quand j'ai eu affaire au patois des environs d'Audun-le-Roman, où nos finales *er* pour les infinitifs, *é* pour les participes et les adjectifs, se seraient trop éloignées de la prononciation que j'ai cherché à rendre avec plus d'exactitude.

qui sont parfaitement populaires dans le département de la Moselle, mais qui partout le sont autant, et qui pour la plupart ont déjà eu souvent l'honneur d'être imprimées. Le lecteur serait fort désappointé s'il retrouvait ici *Malbrough*, *Compère Guilleri*, *la Petite Jeanneton*, *Au Clair de la Lune*, *Que t'as d'belles filles*, *Giroflée*, *Girofla*, et tant d'autres.

C'est d'ailleurs une chose prodigieuse que la facilité avec laquelle voyage la poésie populaire. *Alerte et court vêtue* comme Perrette, elle fait un chemin énorme malgré tous les obstacles; montagnes, fleuves, rivières et, chose incroyable, changements de langue, rien ne l'arrête. Elle passe les Alpes aussi facilement que les Pyrénées; elle va du Piémont à la Normandie, de la Bretagne à Venise, de la Picardie à la Provence. Vous êtes tout surpris de retrouver dans notre *Roi Renaud* la ballade armoricaine du *Seigneur Nann* et la canzone italienne du *Comte Anzolin*; de reconnaître dans une chanson conservée par Gérard de Nerval, et répandue aussi dans nos contrées, la malicieuse fille dont parlent un romance espagnol, un romance portugais, et une vieille chanson normande; d'apercevoir notre *Jeune Tambour revenant de la guerre* dans un romance catalan; de saluer une des *Trois belles filles du château de Bonfort* en Provence, en Picardie, dans le Bourbonnais, dans le nord de l'Italie; de voir en Espagne, en Piémont, dans le Pays Messin, partout pour ainsi dire, une imprudente que la curiosité conduit sur un vaisseau dans lequel elle est emmenée bien loin de son pays. Tantôt la damoiselle apprend que celui qu'elle croyait un corsaire est un puissant prince et elle se fait à son sort; d'autres fois, comme dans le romance de *Rico Franco*, elle parvient à se faire donner l'épée de son ravisseur et, suivant son humeur, s'en sert soit contre elle-même comme la chaste *Fille du Pâtissier*, soit contre son ravisseur comme la *Belle Montferrine*. Cette *belle Montferrine*, elle a chez nous son pendant dans la courageuse femme qui envoie Renaud — cet autre Barbe-Bleue — retrouver les cadavres de ses quatorze épouses. Ce n'est pas seulement en Catalogne, en Provence, en Bretagne, en Normandie, qu'une bru pendant l'absence de son mari est persécutée par sa belle-mère, qu'elle reste fidèle à ce mari qui revient mettre fin à ses tourments; cette histoire tant redite de tous côtés est celle de notre *Germaine*. La jeune fille qui, suivant un chant picard, feint d'être morte pour sortir d'une tour dans laquelle elle a été emprisonnée à cause de sa trop grande constance, et dont le convoi est mis en fuite par son amant au fait du stratagème, cette jeune fille-là, nous l'avons aussi dans une de nos chansons. Nous avons encore cet amant qui, comme Léandre, se noie en nageant vers sa maîtresse; cette belle délaissée qui s'habille en guerrier pour suivre son perfide et se venger de lui; ce soldat qui à son retour dans son village apprend que sa fiancée est morte; ce fidèle amant qui, comme le chevalier de Toggenbourg, trouve, après une longue absence, celle qu'il aimait dans un couvent; cette bergère qui envoie un beau seigneur s'assurer qu'on ne les espionne pas, et pendant ce temps disparaît sur le cheval du trop confiant chevalier; cette autre bergère qui, comme une jeune Italienne, veut récompenser celui qui a délivré son troupeau des attaques d'un loup en lui offrant la laine de ses agneaux... nous avons tout ce monde parent du monde aventureux des contes de fées, que la poésie populaire a pour ainsi dire partout. Et nous pouvons indiquer de singulières ressemblances, non-seulement dans ce que

je nommerais trop prétentieusement les ballades; mais ces
analogies existent parfois aussi dans ce que j'appellerais
la poésie lyrique [1], si ce dernier mot ne faisait souvenir de
l'antique instrument dont les poètes artistiques ont trop
souvent parlé, et dont les poètes populaires n'ont jamais
eu la moindre idée, — heureusement pour eux et pour
nous.

Comment expliquer cette ubiquité si singulière? L'esprit humain, surtout non cultivé, a dû rencontrer fréquemment des idées, des conceptions très-simples et identiques.
Certains sujets — comme l'a très-bien exposé M. Milà y
Fontanals [2] — sont nés partout de faits qui partout sont les
mêmes. Des légendes disséminées à des époques lointaines
ont servi de thèmes universels aux croyances supersti-
tieuses. Mais à côté de ces explications il est bien certain
que des traditions semblables se sont communiquées de
nation à nation, qu'elles ont même pénétré dans des langues qui étaient sans point de départ commun, qu'elles
s'en sont allées comme des semences emportées par le
vent, et parfois sans laisser d'indices de leur passage sur
les points intermédiaires. On peut du reste expliquer his-
toriquement la propagation de certaines de ces données
dont la diffusion remonte peut-être très-loin dans le passé.
Au moyen âge, il y avait entre les peuples des rapports
beaucoup plus fréquents qu'on ne serait tenté de le sup-

---

[1]. On verra que quantité de nos chansons *lyriques* — j'emploie cet adjectif à défaut d'un autre — sont connues pour ainsi
dire par toute la France. Les *Bulletins du comité de la langue*
offrent aussi, par la citation des premiers vers d'un grand nombre
de chansons, beaucoup de preuves de cette curieuse diffusion
de la poésie populaire.

[2]. *Observaciones sobre la poesia popular*, p. 19.

poser. Les relations étaient entretenues par les guerres, les alliances, les mariages des princes, les pèlerinages des gens du peuple, les immenses concours attirés par les foires, le déplacement des religieux qui passaient d'une abbaye à l'autre, les courses incessantes des trouvères, des troubadours et des jongleurs. Au-dessous de ceux-ci, il y avait une classe de rapsodes s'adressant particulièrement au peuple, et qui étaient fort dédaignés par les poètes artistiques. On peut voir dans les œuvres de l'archiprêtre de Hita que ce poète composa un certain nombre de vers destinés à être débités par les aveugles, *de los que disen los ciegos*; chez nous aussi — et l'exemple vient de loin, d'Homère — les aveugles s'en allaient parcourant les campagnes jouant de la vielle, chantant des chansons et des fragments de poèmes chevaleresques. C'est à tous ces jongleurs vulgaires que remontent sans doute plusieurs de nos poésies populaires actuelles. Elles fredonnaient au-dessous de la poésie plus érudite à laquelle elles ont dû, à mesure que celle-ci vieillissait, se confondre de temps en temps. Ce que plus tard on a nommé la bibliothèque bleue, *Valentin et Orson*, *Huon de Bordeaux*, *les Quatre fils Aymon*, *Pierre de Provence*, *Robert le Diable*, sont des altérations de l'ancienne littérature chevaleresque. La *Danse Macabre*, tant de fois imprimée à Troyes, était le remaniement du poème étrange que Guyot Marchant publia en 1485. D'autres réminiscences, mais souvent moins visibles, se présentent évidemment dans la poésie populaire ; on peut les distinguer dans les nombreux morceaux où un seigneur de village, un capitaine, essaient de séduire une jeune bergère, parfois s'en font écouter, et le plus souvent ne s'attirent que des moqueries. Ces chansons sont certainement la copie des pastourelles où, par une belle matinée de printemps, un galant voyageur rencontre une jeune paysanne et lui offre *fermaux d'or, huves, corroies, et riches couvre-chiefs*. D'autres fois, comme dans les vers que j'ai intitulés *le Panier*, dans la *Femme du maçon*[1], la *Culotte de velours*, on reconnaît quelques-uns des bons tours racontés par les fabliaux. En général, l'imitation est éloignée, le souvenir est confus. Il n'en est pas ainsi pourtant pour une pièce dont la forme est relativement assez travaillée : *l'Eau et le Vin* ; elle est le rajeunissement et l'abrégé d'un de ces petits poëmes qui, sous le nom de *Débat*, eurent jadis tant de vogue ; elle existe aussi dans notre poésie allemande populaire.

M. le chevalier Nigra, dans les recherches si savantes qu'il a faites sur la poésie populaire du Piémont, a été frappé des étranges analogies qu'offrent les chants de divers peuples. Il a cherché où pouvait être la source principale de ces inspirations si vivaces :

. . . . quella fonte
Che spande di parlar sì largo fiume.....

— si l'on peut, sans irrévérence, citer Dante à ce propos. — M. Nigra semble penser que la source principale fut en Provence. Si la Castille, le Portugal, la Catalogne et le Piémont ont eu des chants semblables, c'est qu'ils ont découlé de la Provence. Sans doute on ne retrouve pas toujours cette origine indiquée d'une manière visible, mais on la trouve assez de fois pour la soupçonner dès qu'un chant espagnol ou portugais et un chant italien reproduisent une

---

1. Cette chanson ayant paru sans aucune variante dans le *Romancero de Champagne*, je l'ai éliminée de ce recueil où elle avait d'abord trouvé sa place.

situation semblable [1]. M. le chevalier Nigra, dans une lettre qu'il m'a fait l'honneur de m'écrire, résume son opinion sur un fonds de littérature populaire commun à une partie de l'Europe. Il veut bien me dire : « Vos publications » (quelques chansons du Pays Messin publiées dans l'*Austrasie*) « m'ont confirmé dans la conviction que je me suis « formée sur l'identité substantielle de la poésie populaire « de tous les pays de race celto-latine [2]. » Il y a, il faut le reconnaître, de forts arguments en faveur de cette conjecture dans les rapprochements qu'offre la littérature populaire de contrées différentes. Ces analogies m'ont paru un des points les plus attachants de mon travail, aussi ai-je accumulé les pièces présentant des parallèles à celles que

---

1. Questi canti romanzeschi comuni alle nazioni di razza latina, debbono, nel dubbio, considerarsi come trasmessi e spesso originati dalla Provenza. (*Canti popolari del Piemonte.* Fascicolo II, p, 60.)

A propos de la canzone la *Guerriera,* M. Nigra dit encore : « Qualunque ne sia l'origine, io penso che non altramente che dalla Provenza venne trasmessa alle due penisole italica ed iberica, passando poi colle prime crociate in Grecia e ne' paesi slavi. » (Fasc. III, p. 90.) Dans son préambule à la pièce *Gli scolari di Tolosa,* M. Nigra revient sur la même idée : « L'esistenza della *romanza* nell' Italia superiore, non certo spiegabile colla teoria di una impossibile importazione spagnola, è un fatto di molta importanza, in quanto da esso possano ricavarsi nuovi elementi di giudizio intorno alla genesi di questa specie di poesia. » (Fasc. IV, p. 124). Le chant *il Marinaro* inspire à M. Nigra la présomption suivante : « La lezione catalana come quella di Piemonte suppongono un' anteriore lezione provenzale che forse esiste tuttora. » (Fasc. V, p. 169.)

2. Je saisis avec empressement cette occasion de remercier M. le chevalier Nigra de l'envoi des *Canzoni popolari del Piemonte* que j'avais vainement cherché à me procurer, et qui m'ont été si utiles.

j'ai recueillies dans ma province; mais comme de pareilles comparaisons n'intéressent réellement qu'une certaine classe de lecteurs, comme ceux qui composent cette classe lisent en général facilement toutes les langues de souche romane, je n'ai pas pensé devoir traduire les chants populaires catalans, espagnols, portugais, vénitiens, piémontais, que j'avais à reproduire. Quelquefois j'ai emprunté à tous ces chants différents des compositions dont la donnée présente avec les poésies récoltées dans le Pays Messin une ressemblance trop indécise pour que l'on puisse croire à autre chose qu'à une rencontre fortuite. Je l'ai fait parce qu'il m'a semblé curieux de montrer les différences de forme et d'expression qu'une même pensée recevait de peuples différents.

Bien que, comme je l'ai dit, j'aie multiplié les rapprochements, il a dû m'en échapper encore un grand nombre ; il aurait fallu connaître plus à fond les poésies populaires grecques, slaves, anglaises, allemandes; enfin, comme dit l'Arioste :

> Quanto io posso dar io tutto vi dono,

on verra que la presse n'a jamais donné à ses privilégiés une popularité semblable à celle de productions souvent fort médiocres. De cette popularité étrange nous avons une preuve toute récente. Une rengaine — pardon de ce mot — une vieille rengaine du pays de Caux a soudainement pris faveur et rempli toute la France. Le *Pied qui r'mue* a fait un chemin énorme; il a couru avec une rapidité électrique. Point d'orgues de barbarie qui ne l'aient répété, point d'enfantins carrousels de chevaux de bois qui n'aient tourné à la répétition incessante de son air monotone. J'avais laissé au bord de l'Alzette le *Pied qui r'mue* râclant les guitares des tables d'hôtes luxembourgeoises ; à Nice, je l'ai retrouvé sur les rives de la Méditerranée. Cette vogue incroyable, inexplicable, donne une idée de la manière dont se sont propagées certaines vieilles chansons. Elles s'en sont allées de mémoires en mémoires, d'oreilles en oreilles, de voix en voix, de pays en pays, de siècles en siècles ; mais elles pourraient bien être arrivées au terme de leur voyage et disparaître pour jamais devant des romances moins incultes ou des lambeaux d'opéras. Plusieurs des cahiers qui m'ont été envoyés contiennent la preuve de ce déclin de la véritable poésie populaire ; quelques-uns d'entre eux ne renferment que des morceaux à visées artistiques, et qui, mal compris, ont souvent été transcrits de la manière la plus bizarre. Il est temps, on le voit, de recueillir nos chants ingénus ; dans quelques années ce serait sans doute une œuvre impossible. Déjà maintenant ce n'est pas une chasse aisée que celle de ces couplets abrupts. Quand on les leur demande, les paysans, s'ils se les rappellent encore, s'imaginent que l'on veut s'amuser à leurs dépens. Ceux d'entre eux qui sont un peu dégrossis, estropient quelques niaises romances ou quelques chansons égrillardes rapportées du faubourg des villes. Je n'eusse jamais pu former un ensemble aussi considérable de poésies populaires si de zélés collaborateurs n'étaient venus à mon aide. Pour moi, mon rôle est à peu près expliqué par cette phrase de Montaigne : « J'ay faict ici un amas de fleurs estrangères ne fournissant du mien que le filet qui sert à les lier. » Je n'ai eu d'autre besogne que de choisir dans les envois que l'on a bien voulu me faire, que d'écrire quelques notes, que d'indiquer des rapprochements. Une grande part de ce recueil appartient donc réellement à ceux qui m'ont si aimablement secondé, et je ne veux pas tarder davantage à leur témoigner toute ma gratitude. M. Ernest Auricoste de Lazarque m'a communiqué un manuscrit, fruit de patientes investigations et contenant beaucoup de chansons recueillies principalement à Retonféy et dans les environs de ce village. M. le comte X. de Maigret m'a envoyé un grand nombre de pièces, tant patoises que françaises, récoltées par lui à Serrouville et à Malavillers ; il n'a rien négligé pour se les procurer, ni démarches ni rendez-vous avec des chanteuses qui dans la première année de ce siècle pouvaient avoir de quinze à vingt printemps. M. de Vellecour m'a remis aussi une quantité considérable de chansons trouvées à Bousse et dans les villages voisins.

Je dois à M. E. de Bouteiller le beau chant de *Germaine* qui a ses parallèles en Bretagne, en Normandie, en Provence et en Catalogne ; M. Mouzin, l'habile directeur de notre École de Musique, a bien voulu noter un assez grand nombre d'airs populaires et compléter le petit supplément musical dont M. Auricoste de Lazarque m'a fourni les premiers matériaux ; M. Lorrain, l'un des conservateurs de la Bibliothèque de Metz, m'a aidé avec la plus grande obligeance de ses excellents conseils lorsque j'ai eu à m'occuper de l'orthographe des chansons patoises ; je les prie de recevoir tous mes remerciements ainsi que mes autres aimables collaborateurs : Mme D. de G..., MM. de Vernéville, E. Michel, le baron P. d'Huart, Thiel, Marly, V. Vaillant, Jules Séchehaye, Maurice du Coëtlosquet, Blondin...

Les chants que j'ai recueillis, grâce à toutes ces communications bienveillantes, ne sont pas anciens dans leur rédaction actuelle, mais il en est un certain nombre dont la donnée première est évidemment antique. Il est arrivé sans doute pour ces chants ce qui est arrivé en Espagne pour les romances. Ils se sont transmis oralement, celui qui en inventait un le disait un jour d'une manière, le lendemain d'une autre. Ceux qui l'entendaient le modifiaient à leur façon, recomposaient le passage qu'ils avaient oublié, le remplaçaient par des fragments d'autres pièces; ils allongeaient, abrégeaient, modifiaient suivant leur fantaisie, la chanson qu'ils avaient retenue, y ajoutaient des idées nouvelles, substituaient aux mots vieillis d'autres termes plus intelligibles. Ainsi s'expliquent le décousu de la poésie populaire, les non-sens qui la déparent, les interpolations qui y sautent aux yeux, et ces répétitions qui fatiguent jusqu'à ce qu'elles finissent par plaire. Sous le rapport du rhythme, la poésie populaire française est aussi indépendante que sous le rapport des idées; elle ne s'embarrasse ni de la césure, ni de l'hémistiche, ni du mélange régulier des rimes masculines et féminines ; souvent même elle ne s'embarrasse pas de la rime ; quelquefois elle la rencontre; quand elle ne la rencontre pas, elle se contente d'une assonance; si l'assonance n'arrive pas, elle s'en passe. On trouve cependant un assez grand nombre de chansons composées sur un rhythme qui rappelle celui des romances espagnols, et c'est un fait qu'il peut être intéressant d'indiquer.

Dans ces romances, les vers pairs offrent seuls une assonance; les vers impairs sont des vers blancs, c'està-dire qu'ils ne correspondent entre eux par aucun son de même nature. Ce système rhythmique a beaucoup préoccupé divers critiques modernes. Selon M. Wolf [1], il serait possible que les jongleurs espagnols, pour imiter

---

1. *Ueber die Romanzenpoesie der Spanier*, p. 87.

le rhythme français des chansons de geste, pour obtenir
un vers plus ample, plus propre à la narration, offrir des
séries monorimes et tout à la fois pour conserver la forme
octosyllabique chère aux oreilles espagnoles, pour ne pas
contrarier d'anciennes habitudes, eussent imaginé de ne
pas rimer leurs vers impairs, de façon que, par leur mesure, ils pussent donner une cadence à laquelle on était
accoutumé, et que, par l'absence de rimes, ils semblassent
de simples hémistiches. D'autres critiques ont pensé que
le vers blanc et le vers assonant ne doivent former qu'un
seul vers, et c'est ainsi qu'a été imprimé le petit romancero catalan de M. Milà y Fontanals. Je ne me prononcerai
pas sur ces questions, dont, je le crois, on a trop grossi
l'intérêt ; mais je ferai remarquer que beaucoup de nos
chansons populaires reproduisent assez exactement la
combinaison espagnole, sauf que, en Espagne, l'assonance
a des règles fixes et nées de la nature de la langue, qu'elle
est produite par le retour de deux voyelles, n'importe les
consonnes dont elles sont entourées, tandis que chez nous
l'assonance n'est guère autre chose qu'une rime imparfaite, qu'une conformité plus ou moins exacte de son.

Quant à la mesure, les vieux romances espagnols ne
sont pas toujours très-scrupuleux ; les chants populaires
français le sont encore bien moins. Ce qu'il y a d'inouï,
c'est que l'on parvienne à chanter ce mélange de lignes
de toutes les tailles[1].

---

1. Ce désordre, au commencement de ce recueil, pourra paraître d'autant plus grand que je m'étais proposé de ne pas
fatiguer les yeux par d'incessantes suppressions de lettres et de
laisser faire au lecteur les élisions nécessaires pour donner au
rhythme un peu plus de régularité. C'est ainsi que, à de rares
exceptions près, a été imprimée la partie comprenant les bal-

Très-souvent nos chansons rustiques sont entrecoupées par des paroles bizarres et qui n'ont point de sens, pour nous du moins ; on trouve déjà dans le jeu de *Marion et Robin*, qui date du treizième siècle, un de ces refrains étranges : Marion répond au chevalier qui cherche à la rendre infidèle à Robin :

> Traïri, deluriau, deluriau, delurielo
> Traïri, deluriau, delurot, delurot.
> (*Le Théâtre français au moyen âge*, p. 106.)

« Tout est important dans l'art — dit au sujet de ces refrains M. Champfleury —, et certainement l'Académie des Inscriptions et Belles-Lettres n'aurait pas perdu son temps le jour où elle pourrait expliquer le sens de : *mistico dar, dar tire lire* — et de *cli clo cla la lirette la liron* — et de *mirliton, mirlitaine* — et de *tirê lire lire lire lon fa* — et de *ran plan plan tire lire ran plan* — et de *la faridondaine, gai, la faridondaine* — et de *tur lu tutu rengaine* — et de *tron tron tron, tire liti taine* — et de *tan ti, tan ture lure, lure*[1]. »

M. Champfleury ajoute avoir fait à ce sujet des recherches restées sans résultats. Je n'ai pas été plus heureux, mais je suis tenté de croire que plusieurs de ces mots avaient un sens dans les dialectes disparus, qu'ils pas-

---

lades. Et c'est ainsi que Gérard de Nerval a écrit les chants populaires qu'on lit dans plusieurs de ses ouvrages. On m'a fait cependant à ce sujet des observations auxquelles je me suis rendu. Aussi trouvera-t-on dans les dernières séries de ce volume les élisions indiquées par des apostrophes. J'ai cru devoir prévenir le lecteur de ce changement qui d'ailleurs me semble d'une importance fort secondaire.

1. *Chants populaires des provinces de France*. Introduction.

sèrent de très-antiques chansons dans des chansons plus nouvelles où ils ne furent plus compris, où ils ne figurèrent qu'à l'état de refrain, et qu'à l'exemple de ces mots qui avaient eu jadis une signification, les poètes populaires en fabriquèrent d'autres n'en ayant aucune et dont la bizarrerie des consonnances faisait le seul mérite.

Ces refrains apparaissent surtout dans les couplets destinés à accompagner une danse très-primitive et empruntant à cette danse même leur nom de *ronde* ou de *rondeau*. Une très-grande quantité des chansons que l'on va parcourir appartient à ce genre de production connu déjà au treizième siècle et qu'il ne faut pas confondre avec le petit poème dont Boileau a dit :

Le rondeau né gaulois a la naïveté.

Le rondeau dont parle Boileau, très-compliqué comme rhythme, a mérité la faveur de beaux esprits tels que Clément Marot et Voiture. Le rondeau de nos villages, appelé aussi *branle*, n'a de commun avec son homonyme que d'avoir comme lui, bien plus que lui, la naïveté gauloise [1].

---

1. Ces rondes, rondeaux ou branles, offrent diverses combinaisons : souvent on répète en commençant un couplet le dernier vers ou les deux derniers vers qui, dans le couplet antérieur, précèdent le refrain. Ce refrain reste le même dans toute la pièce, seulement lorsqu'il est composé de deux vers, on place quelquefois entre eux un vers mobile. Je n'ai pas toujours donné toutes ces répétitions qui eussent de beaucoup augmenté le nombre des pages, et dans les parallèles que j'ai eu l'occasion d'indiquer je me suis, en général, borné à citer le vers qui offrait un sens nouveau en le dégageant, et des emprunts faits au couplet antécédent et du refrain.

Il se peut que des littérateurs sérieux s'étonnent que je me sois donné la peine de réunir tant de poésies qui ne méritent guère ce titre. Je ne l'ai pas fait de parti pris ; ce recueil est le produit d'un autre travail. Écrivant une œuvre sur la vieille littérature espagnole, j'ai dû naturellement m'occuper des romances, puis j'ai voulu les comparer aux productions analogues d'autres nations. Lorsque l'on compose consciencieusement un livre de longue haleine, il est difficile de suivre une ligne droite et par étapes indiquées d'avance. On rencontre à chaque instant des chemins de traverse, de jolis petits sentiers où l'on s'engage volontiers et qui, on se le dit, doivent concourir à vous faire mieux connaître le pays. C'est ainsi qu'égaré dans un de ces sentiers et que marchant toujours, je me suis, sans m'en douter, écarté beaucoup de la route que je pensais suivre, et qu'un beau jour j'ai fini par me trouver bien loin du Cid et de Bernard del Carpio, en plein Pays Messin... Mais je reviens à la question des littérateurs sérieux. — Ces chansons rustiques valaient-elles bien la peine d'être conservées ? — Je le crois après M. Fortoul, M. Nigra, le savant Wolf, Ampère et tant d'autres hommes non moins éminents. Les hautes classes de la société ont eu leur peinture dans les poèmes chevaleresques, les classes intermédiaires dans les fabliaux ; les chansons populaires ont conservé quelques traces de la vie des campagnes d'autrefois, et n'eussent-elles que ce mérite elles seraient dignes de notre souvenir. Elles ont encore, selon moi, une autre espèce d'intérêt, c'est de nous montrer ce que produisent des intelligences privées de toute culture ; c'est de nous faire assister au singulier travail d'esprits qui n'ont rien acquis, qui sont entièrement restés eux-mêmes ; c'est de nous faire pénétrer dans la pensée de gens tellement courbés sous les occupations matérielles que nous ne supposons guère qu'un éclair d'imagination puisse luire en eux. Eh bien! voilà ce qu'a pu produire ce vague éclair chez des hommes qui, dans d'autres conditions, fussent peut-être devenus de vrais poètes. Quant à la valeur réelle de leurs productions, je ne l'exagérerai pas ; elle n'est pas comparable à celle des romances espagnols et portugais, des chants de la Bretagne, de ceux de la Servie, des charmants *rispetti* italiens ; et cependant on se prend à aimer cette littérature sans apprêt, à lui trouver quelques-uns des charmes que M. Milà y Fontanals a si bien décrits en parlant des romances catalans. Mais ce n'est pas tout de suite qu'on se laisse aller à cette séduction étrange, il faut s'habituer à l'absence d'art, au défaut de transition, à la négligence de toutes les règles. C'est une mélodie toute naïve, toute simple, et pourtant on ne l'aime qu'après l'avoir entendue souvent. Quand on a commencé à lire des poésies populaires, on ne s'arrête plus, peut-être, il faut bien le dire, parce qu'on espère trouver quelque chose de plus complet, de plus satisfaisant. On ne boirait qu'un ou deux verres de vin de Bourgogne, mais la piquette, elle laisse toujours le palais dans l'attente, on en avale coup sur coup et l'on finit par se plaire à cette saveur aigrelette. C'est un peu ce qui arrive avec la poésie populaire. On serait fâché qu'elle fût autrement, on se fait à ses allures, à ses caprices imprévus, à ce que peut avoir de monotone le retour de locutions favorites ; on se fait à sa pauvreté d'expressions, à sa disette d'images, à la répétition de celles que lui offrent des objets familiers. Le rosier fleuri, la rose, reviennent à chaque instant. Quelquefois la rose ne sert qu'à remplir une lacune, qu'à orner un vers ; d'autres fois, comme dans le roman de Guillaume de Lorris, elle apparaît avec une intention allégorique. Vieux souvenir cabalistique dont elle ne se rend pas compte, la poésie populaire aime les nombres impairs : le nombre trois, le nombre sept ; un mari est absent, son absence dure invariablement sept ans ; elle met en scène trois filles, trois capitaines, quitte à laisser de côté deux capitaines, deux filles dont elle ne sait plus que faire. Un capitaine, un fils de président, un avocat, un seigneur de village, tels sont les personnages qu'elle emploie le plus fréquemment ; quelquefois elle ne se gêne pas non plus pour prendre comme acteurs une princesse, un roi ; on voit qu'elle remonte au temps où les rois épousaient des bergères. En fait de pays, elle est préoccupée surtout de l'Angleterre et de la Flandre. D'antiques traditions se sont, çà et là, transmises jusqu'à elle, mais elle n'en sait plus le sens et les répète presque machinalement. Elle se dédommage de la pauvreté qui l'entoure en étalant les trésors et les titres pompeux ; si elle bâtit un château, elle le bâtit d'or et d'argent ; si elle parle de tailleurs, ce sont les tailleurs du roi ; si elle parle de charpentiers, ce sont les charpentiers du roi. Elle aime certaines épithètes : un passeport devient un joli passeport, une guerre une jolie guerre, une épée une petite épée. Au milieu de ses inexpériences, elle a le secret de saisir le relief d'une situation ; elle est parfois énergique dans sa manière de dire, comme quand peignant une jeune fille marchant au supplice, elle la représente s'avançant :

> Prêtre devant, bourreau derrière.

Elle ne sait point faire de tableaux complets, elle plaque de la couleur et seulement par place sur des dessins incorrects dont le trait, vigoureux dans un endroit, devient plus loin confus ou se prolonge en fantaisies disparates. Rarement elle vise au trait, à la saillie ; elle ne les a guère que quand elle a imité les curiosités de la *Chercheuse d'esprit*, et alors on est bien forcé de la laisser à la porte d'un recueil honnête[1]. Elle a souvent de la grâce et assez pour rappeler les bergères idéalisées qui dansent et jouent sur les vieux trumeaux, dans de jolis bosquets, sur des pelouses parsemées de fleurs et au milieu de paysages de contes de fées. Elle a des traits de sentiments produits surtout par des mécomptes d'amour. Elle est rarement mélancolique, mais quand cela lui arrive, elle trouve des notes justes et émouvantes, comme quand elle montre cette jeune maîtresse que l'enfer rend pour un instant aux regards de l'amant qui la pleure. Elle a, au demeurant, beaucoup plus de rires que de larmes. On la reconnaît à mille indices pour fille des trouvères. Elle prend volontiers parti pour la jeunesse, pour les femmes, pour les amours contre les maris, les vieux maris surtout, et les tracas du ménage. Elle aime les joyeuses commères et ne craint pas de les conduire au cabaret ; parfois elle rit, comme le fit trop souvent Rabelais et comme le fit une fois Cervantes, de choses qui ne nous inspirent que du dégoût et nous engagent à nous boucher le nez. Elle méprise les

---

1. Je ne veux point dire que cette collection puisse être mise dans toutes les mains ; si j'ai banni de ce volume les grosses grivoiseries, je n'ai pas dû être aussi sévère à l'égard de certains traits naïfs ou de quelques détails qui, comme dans la ballade de *Germaine*, semblent porter la marque d'une époque reculée. Au reste, les nombreuses notes, les citations en langues étrangères, forment, ce me semble, comme un rempart devant lequel s'arrêtera tout naturellement la partie du public à laquelle ce recueil n'est pas destiné.

amoureux transis et ne respecte guère les cheveux blancs ; mais, en général, ses jeunes filles sont chastes, quoique non ignorantes de certaines choses, et repoussent hardiment ou malicieusement les beaux seigneurs trop entreprenants. La poésie populaire n'a pas longue haleine, elle ne fait point de récits détaillés, elle se passe d'expositions, elle entame un sujet brusquement par le point qui lui semble le plus intéressant, elle ne sait pas ce que c'est qu'une transition, elle n'indique pas les changements de lieux, elle fait passer, sans en avertir, d'une scène à une autre, elle ne donne pas la parole à tels ou tels personnages, ils la prennent d'eux-mêmes, c'est à l'auditeur à se débrouiller dans ces dialogues et à deviner les interlocuteurs. Elle n'intervient, du reste, ni pour les blâmer ni pour les louer, elle se contente de les mettre en scène et s'efface derrière eux. Elle est naïve, concise, vive, imprévue, même incohérente. Un de ses mérites, c'est d'être différente de la poésie artistique. Celle-ci, on sait presque toujours ce qu'elle va dire ; quant à son humble sœur, on ne le sait jamais et sans doute elle ne le sait pas elle-même ; il y a chez elle quelque chose de l'inattendu des rêves, des idées décousues des enfants ; c'est une imagination fantasque qui s'en va au hasard, qui rit dans un couplet et pleure dans le refrain qu'elle y attache, qui quelquefois vous jette un vers au sens obscur, à l'expression poétique et qui surprend. Qui ne s'est mis à rêver en entendant chanter :

> Nous n'irons plus au bois,
> Les lauriers sont coupés ?

Il faut bien qu'il y ait un charme réel dans ce mélange de choses disparates. M. Victor Hugo a imité quelquefois les refrains de la poésie populaire ; une vieille chanson française frappa assez fortement Gœthe pour qu'il en retînt la ritournelle bizarre et la mit dans la bouche de Marguerite, devenue folle. Une chanson populaire italienne que Tommaseo apprit d'une jeune *cantadina*, d'Empoli, a donné aussi à l'auteur de *Faust* le thème d'une de ses plus belles ballades.

Restons-en là, abrité que nous sommes par le poète allemand, et le montrant à nos lecteurs, disons-leur comme le personnage d'une joyeuse comédie : « Prenez garde, si vous vous attaquez à moi, vous aurez affaire... à lui. »

Inglange, août 1864.

BIBLIOGRAPHIE

Altfranzœsische Volkslieder, p. par O. L. B. Wolf. Leipzig, 1831, 1 vol.

Ancien Théâtre-François, p. par Viollèt-le-Duc. Paris, 1854-1857, 10 vol.

Appendice al saggio si grammatologia comparata sulla lingua albanese, par Camarda. Prato, 1866, 1 vol.

Barzas-Breiz, par La Villemarqué. Paris, 2 vol.

Biarritz, par Chaho. Bayonne, 2 vol., sans date.

Bohême galante, par Gérard de Nerval. Paris, 1 vol.

Bulletin de la Société d'archéologie lorraine. Nancy.

Bulletin du Comité de la langue, de l'histoire et des arts de la France.

Cancioneiro o romanceiro geral, par Braga. Porto, 1867, 3 vol.

Cansons de la terra, p. par Pelay-Briz. Barcelone, 5 vol.

Canti e racconti del popolo italiano par cura di Comparetti e d'Ancona, 1870-1875, 6 vol.

Canti pop. di Noto, par Avolio. Noto, 1875, 1 vol.

Canti pop. di Modica par Guastella. Modica, 1876, 1 vol.

Canti popolari siciliani, p. par Salvatore Salomone Marino. Palerme, 1867, 1 vol.

Canti pop. siciliani, p. par Giuseppe Pitrè. Palerme, 1870-1871, 2 vol.

Canti popolari inediti, p. par Marcoaldi. Gênes, 1855, 1 vol.

Canti pop. toscani, p. par Tigri. Florence, 1860, 1 vol.

Canti pop. toscani, corsi, etc., p. par Tommaseo. Venise, 1841, 4 vol.

Canti veneziani, p. par Bernoni. Venise, 1875, 1 vol.
Cantos populares do archipelago açoriano, p. par Braga. Porto, 1869, 1 vol.
Canzoni popolari comasche, p. par Bolza. Vienne, 1867, une brochure.
Canzoni pop. del Piemonte, p. par Nigra. *Rivista contemporanea* et six fascicules.
Chants populaires messins, recueillis dans le val de Metz, par Nérée Quepat. Paris, 1878, 1 vol.
Chansons populaires de France. Bibl. nationale, mss. n° 3,338.
Chansons populaires des provinces de France, p. par Champfleury et Weckerlin. Paris, 1860, 1 vol.
Chansons populaires du Canada, p. par Ernest Gagnon. Québec, 1865, 1 vol.
Chants populaires de la Grèce moderne, tr. par le comte de Marcellus. Paris, 1860, 1 vol.
Chants populaires du Nord, tr. par Marmier. Paris, 1850, 1 vol.
Chants et chansons populaires des provinces de l'Ouest, par Bujeaud. Niort, 1866, 2 vol.
Chants populaires des Canadiens français, par Rathery. *Le Français*, 19 février, 5 et 7 mars 1871.
Chants populaires de la Provence, par Damase Arbaud. Aix, 1862, 2 vol.
Chants populaires de l'Italie, par Cazelli. Paris, 1865, 1 vol.
Chants historiques de la Flandre, par L. de Bœcker. Lille, 1855, 1 vol.
Chants historiques et populaires du temps de Charles VII et de Louis XI, par Leroux de Lincy. Paris, 1857, 1 vol.
Chants pop. des Flamands de France, par E. de Coussemaker. Gand, 1856, in-8°.
Chansons d'autrefois, par Ch. Malo. Paris, 1861, 1 vol.
Chansons de Gautier Garguille, par E. Fournier. 1858, 1 vol.
Choix de poésies originales des troubadours, par Raynouard. Paris, 1817, 6 vol.
Débat de deux demoyselles, l'une nommée la noire et l'autre la tannée, suivi d'autres poésies du xv° siècle. Paris, 1825, in-8°.

Deutsches Balladenbuch. Leipzig, 1858, 1 vol.

Deutsche Volkslieder, von Simrock. Francfort, 1851, 1 vol.

Elsæssisches Volksbüchlein, von A. Stœber. Mulhouse, 1859, 1 vol.

Étude sur la poésie pop. en Normandie, par E. de Beaurepaire. Paris, 1856, in-8°.

Essai sur le patois lorrain, par Oberlin. Strasbourg, 1775, 1 vol.

Fabliaux, par Méon. Paris, 1804, 4 vol.

Filles du feu, par Gérard de Nerval. Paris, 1 vol.

Fleurs de toutes les plus belles chansons. Paris, MDCXIV, 1 vol.

Französische Volkslieder, par M. Haupf. Leipzig, 1877, 2 vol.

Gœttingische gelehrte Anzeigen.

Gwerziou Breiz izel, par Luzel. Lorient, 1868, 2 vol.

Heidelberger Jahrbuch der Literatur.

Historia critica de la literatura española, par don Amador de Loz Rios, Madrid, 1862-1865.

La Baronessa di Carini con disc. e note di Salvatore Salomone Marino. Palerme, 1870, 1 vol.

Littérature popvlaire de la Gascogne, par Cenac-Moncaut. Paris, 1868, 1 vol.

Mémoires de la Société d'émulation de Cambrai, t. XXVIII.

Moniteur, articles de M. Rathery 17 mai, 23 avril, 27 mai, 15 juin, 26 août 1853.

Mélusine. Paris, 1877, 1 vol.

Noëls et chants pop. de la Franche-Comté, par Max-Buchon. Salins, 1865, 2 vol.

Nouveau Recueil des plus belles chansons et airs de ce temps. Paris, Jean Murder, vers 1675, 1 vol.

Nouveau Recueil des plus belles chansons et airs de Cour. Paris, veuve Oudot, sans date.

Nuova raccolta di canti Monferrini. Rivista Europea, juillet 1874.

Observaciones sobre la poesia popular, romancerillo catalan, per Milà y Fontanals. Barcelone, 1853, 1 vol.

Parnasse des Muses. Paris, Hulpeau, 1627, 1 vol.

Pays basque, par Francisque Michel. Paris, 1857, 1 vol.

Poésies béarnaises, rec. par Rivarès. l'au, 1852-1860, 2 vol.
Poésies pop. en langue française, rec. dans l'Armagnac et l'Agenais par Bladé. Paris, 1879, 1 vol.
Popularia carmina Graeciae, p. Passow. Leipzig, 1860, 1 vol.
Portugiesische Volkslieder, par Bellermann. Leipzig, 1864, 1 vol.
Primavera y flor de romances, p. Wolf et C. Hoffmann. Berlin, 1856, 2 vol.
Proben portugiesischer und catalanischer Volksromanzen, von Wolf. Vienne, 1856, in-8°.
Rapport d'une conversation sur le dialecte niçois, par Toselli. Nice, 1864, in-8°.
Recueil de toutes sortes de chansons rustiques et musicales. Lyon, G. Poucet, MDLV, 1 vol. non paginé.
Recueil de chansons pop. grecques, p. par E. Legrand. Paris, 1876, 1 vol.
Recherches sur le patois de Franche-Comté, de Lorraine et d'Alsace, par Fallot. Montbéliard, 1828, 1 vol.
Revue d'Austrasie.
Revue critique.
Revue de l'Est.
Revue des deux Mondes.
Revue de Paris.
Revue de Franche-Comté.
Rivista di filologia romanza.
Rivista di letteratura populare.
Romancero de Champagne, par Tarbé. Reims, 1863-1864, 5 vol.
Romancero general, par A. Duran. Madrid, 1854, 2 vol.
Romanceiro, par Almeida-Garrett. Lisbonne, 1839, 3 vol.
Romania.
Vaux de vire, d'Olivier Basselin. Paris, 1858, 1 vol.
Volkslieder aus Venetien, p. par G. Winter et A. Wolf. Vienne, 1864, 1 vol.
Westfælische Volkslieder, p. A. Reifferscheid. Heilbronn, 1879, 1 vol.
Zur Volkskunde, par F. Liebrecht. Heilbronn, 1879, 1 vol.

INDICATION DES VILLES ET VILLAGES CITÉS

ET DES CONTRÉES

AUXQUELLES ILS APPARTENAIENT AVANT L'ORGANISATION DÉPARTEMENTALE

- Ancerville — Trois-Évêchés.
- Anoux — Barrois.
- Ars-Laquenexy — Trois-Évêchés.
- Audun-le-Roman — Id.
- Briey — Barrois.
- Bousse — Trois-Évêchés.
- Chesny — Id.
- Condé — Lorraine.
- Coume — Id.
- Flévy — Trois-Évêchés.
- Fontoy — Id.
- Guénange — Id.
- Jœuf — Barrois.
- Lexy — Trois-Évêchés.
- Lorry-lès-Metz — Trois-Évêchés.
- Longwy — Trois-Évêchés.
- Maizeroy — Id.
- Malavillers — Barrois.
- Malroy — Trois-Évêchés.
- Montoy — Id.
- Montrequienne — Id.
- Peltre — Id.
- Plappeville — Id.
- Rémilly — Id.
- Retonféy — Id.
- Sanry-lès-Vigy — Id.
- Serrouville — Barrois.
- Varize — Lorraine.
- Vernéville — Trois-Évêchés.
- Villers-Laquenexy — Id.
- Woippy — Id.

BALLADES

ET CHANTS ÉPISODIQUES

BALLADES

ET

CHANTS ÉPISODIQUES

―――

I

Le roi Renaud

(FLÉVY)

I

Le roi Renaud de la guerre revint,
Ses boyaux portait dans ses mains.

Sa mère l'aperçoit revenir,
Elle a son cœur réjoui.

— Mon fils Renaud, réjouis-toi,
Ta femme est accouchée d'un roi.

— Ni de ma femme, ni de mon fils,
Je n'en ai le cœur réjoui.

Ma mère, faites-moi un blanc lit,
Faites-le moi bien en secret,
Que l'accouchée n'en sache rien.

II

— Dites-moi, ma mère, ma mie,
Pourquoi j'entends pleurer ainsi ?

— Ma fille, c'est un de nos chevaux
Que les valets ont trouvé mort.

— Et pourquoi, ma mère, ma mie,
Pour un cheval tant de crieries ?

Quand le roi Renaud de la guerre reviendra,
De plus beaux il ramènera.

Dites-moi, ma mère, ma mie,
Ce que j'entends frapper ici ?

— Ma fille, c'est une de nos maisons
Que l'on bâtit ici au rond.

— Dites-moi, ma mère, ma mie,
Ce que j'entends chanter ici ?

— Ma fille, il y a vêpres et sermon
Que l'on va dire ici au long.

— Dites-moi, ma mère, ma mie,
Quel habit mettrai-je aujourd'hui ?

— Le rouge, le vert vous quitterez,
Le noir, le blanc vous mettrez ;

Car les femmes qui relèvent d'enfant,
Le noir leur est bien plus séant.

Quand commencent les litanies et chants,
Les patureaux s'en vont disant :

« Voilà la femme de ce grand roi
Qu'on a enterré hier au soir. »

— Dites-moi, ma mère, ma mie,
Qu'est-ce que ces patureaux ont dit?

— Ma fille, je ne puis le cacher,
Le roi Renaud est décédé !

III

Quand elle est dans l'église entrée,
Le cierge on lui a présenté.

— Ma mère, voilà un beau tombeau !
— Ma fille, il peut bien être beau,
C'est le tombeau du roi Renaud.

— Tenez, ma mère, voilà les clés
De toutes mes villes et cités,
Prenez mes bagues et mes joyaux.

Ayez soin de mon fils Renaud ;
Je vais mourir sur ce tombeau.

Elle a pleuré quarante jours,
Sur le tombeau du roi Renaud.

Et après les quarante jours,
Elle est allée dans un couvent.

NOTE.

Ce chant, qui n'est pas sans analogie avec la ballade d'Olaf, est extrêmement répandu ; il paraît remonter fort loin et l'on a beaucoup discuté son origine. M. Rathery s'est prononcé pour la priorité française. (*Revue critique*, t. II, p. 287.) M. Gaston Paris croit que la version bretonne où intervient une fée, est une forme antérieure aux chants français. Il lui semble que le début mythologique étant tombé, on lui a substitué diverses explications du triste état dans lequel Renaud revient chez lui. D'un autre côté, tout en étant disposé à attribuer à cette ballade une origine septentrionale, M. G. Paris avait écrit auparavant : « Notons que, de toutes les versions connues, celle de Lorraine (la nôtre) qui, en certains points, est fort altérée, a seule conservé ce trait, à coup sûr ancien, qui fait de Renaud un roi. » (*Revue critique*, t. I, p. 307). Depuis ont paru une leçon tourangelle et une canzone de Montferrat, où le titre de roi est accordé à un personnage qui, ailleurs, n'est plus qu'un comte ou un simple soldat. Nous avons tout à l'heure fait allusion aux ballades bretonnes, mais le *Barzas Breiz* de M. de Villemarqué, et le *Gwerziou Breiz-izel* de M. Luzel sont assez répandus pour qu'il soit inutile de leur faire des emprunts; il est moins facile de se procurer les leçons italiennes, et c'est ce qui nous engage à donner ici le chant de Montferrat :

Il re Carlino

Ra soi mamma ant u giardin
R'aspiciava lo re Carlin.
— Alegr, alegr, o re Carlin;
Ra vostra dona r'ha in fantulin.
Mi an im'na poss rallegrèe tant,
Ch'an il vegrò nent a vni grand :
Fèm'u lecc cun i lansoi di lin,
Che mi sarò mort a ra mattin.
Su ni ven poi ra mezza nocc,
Candeire avische eu lim l'è smort.
— Cosa vòl di, o mama granda
Che li campan-nhe i sun-nhu tant?
— Lasei sunèe, lasei sunèe
Fan aligria ar fijo du re.
— Cosa vol di, o mama granda
Che li vostr'occ i piansu tant?
— R'è ra fim dira bigà
Che li mei occ i son csi bagnà.
— Cosa vòl di, o mama granda
I meistr da bosch i tambisso tant?
— Lasei fèe, lasei an po fè,
I fan ra chin-nha ar fijò du re.
— Cosa vòl di, o mama granda,
Che i dumestich i piura tant?
I ha namnà a beive i cavai du re
E duè i han lasci nijè
— A vi dig, o mama granda,
Cma vistirumma nui duman?
— Mi di bianc e vui di gris
Andrumma a l'isanza di nostr pais.
— Che dona ch'r'e mai quella?
L'è in pea ch'ra sia viduella.
— A vi dig vui, mama granda
Senti csa ch'n dis ist pcit infant?
— O Lasèle, o noira, pira di,
Andumma a ra messa ch'r'ha da fini.
— Cosa vòl di, o mama granda;

> Ra terra fresca sutta ai banch?
> O povra mi nun mi poss pi schisèe
> I vostr Carlin l'è mort e suterèe,
> — O mama, dème ra ciav dir me castel
> A voi andèe cun ir me curin bell.
>
> (*Canti Monferrini*, p. 34.)

Le lecteur sera frappé de la ressemblance que ce chant offre avec notre chanson et la ballade bretonne. En comparant ces trois pièces on arrive à penser qu'il y a entre elles trop de différences pour que l'une procède de l'autre, et trop d'analogies pour qu'on ne les fasse pas remonter chacune à une donnée primitive disparue.

M. A. Wolf a donné dans son recueil *Volkslieder aus Venetien* (n° 82) une autre leçon que celle qu'on vient de lire. Il s'agit là d'un comte Anzolin qui, étant à la chasse, a été mordu par un chien enragé. Arrive ensuite le douloureux entretien entre la jeune veuve et sa belle-mère. M. Ferraro a recueilli à Pontelagoscuro (*Rivista de Filologia romanza*, vol. II, p. 196) une variante du chant qui nous occupe ; le début en est singulier et doit être une adjonction assez récente. Le comte Cagnolino veut se marier, mais craignant d'être trompé, il s'est procuré une statue qui remue les yeux quand on lui amène une jeune fille dont le passé n'est pas tout à fait sans taches. Le capitaine Tartaglia avait proposé sa fille au comte Cagnolino, mais celui-ci la refuse après avoir vu se mouvoir les yeux de la statue, et épouse la fille du docteur Ballanzone. Tartaglia, furieux, tue le comte à la chasse. Vient ensuite le dialogue accoutumé entre la veuve et sa belle-mère. En France on connaît aussi d'étranges dégénérescences de notre belle ballade.

Notre ballade a été imitée en Espagne. De los Rios (*Historia critica de la literatura española*, t. VII, p. 446) analyse un romance asturien qui paraît reproduire exactement notre chant de Renaud, mais de los Rios ne paraît pas se douter que ce chant existe ailleurs.

En Catalogne, le roi Renaud s'est fractionné en deux romances ; dans le premier, *Don Juan* (*Cansons de la Terra*, t. III, p. 121), il est question d'un chevalier qui revient de la guerre cruellement blessé. Sa mère l'accueille à peu près comme dans notre ballade, et l'entretien des deux femmes rappelle celui de toutes les versions sur la même donnée :

Ay! fill mes, lo men fillet, — veá la cambra mes alta;
Hi trobaras ta muller — entre senyoras y damas :
Ha parit un infantó — que es com l'estrella del auba...
Ay mare, fassaume 'l llit — alli hont me lo feyau antes!
No me 'l fassau gayre bé — que 'l meu cos no viura gayre.
Tant bon punt com seré mort-fénne tocar las campanas,
Las campanas de la Séu — las de sant Miquel archangel
Las del monastir mes alt — que n'es lo convent del Carme.
La gent quan ho sentirà — dirá : ¿Per qui tocan ara?
Ne tocan per D. Joan — que n'es mort à la campanya.

(Cansons de la Terra, t. III, p. 171.)

L'autre romance catalan, qui n'en faisait peut-être qu'un avec celui dont on vient de lire la fin, nous raconte qu'un chevalier tombe mort en revenant d'un pèlerinage. Le romance continue ainsi :

— Mare mia, mare, — sento gran ruido.
— Ne son las criadas — que saltan y riuhen.
— Se 'n ha mort un gran — un gran de la vila,
N'hi son un enterro — ab una musica.
— Mare mia, mare, — ¿Quin dia iré a missa?
— Filla, los pagesos — estant quinze dias,
Y las menestralas — los quaranta dias
Tu com á primpcesa — un any y un dia.
Mare mia, mare, — quin vestit duria,
Lo vestit de seda — ó 'l de plata fina?
Si 't posas lo negre — mes bé t'estaria.
Al sortir de casa — sent la gent que diuhen :
— Ara vé la dama — are vé la viuda.
— Mare mia, mare — ¿sent le gent que diuhen?
— Ne son criaturas — no saben que dirse
Lo que ouhen als grants, — lo xichs també 'u diuhen?
Las campanas van. — ¿per qui tocarian?
Tocan per un gran — un gran de la vila
— Ne cava 'l fosser — ¿per qui cavaria?
— Filla meva, filla, — també heuré de dirtho :
Ton marit s'es mort. — Has quedada viuda.
Ton marit s'es mort — à la romeria.
Mare mia, mare — héuse aqui ma filla,
Que me'nvaig al cel — ab qui tant volia.

(Cansons de la Terra, t. III, p 159.)

C'est M. Pelay-Briz qui, le premier, a été frappé de la ressemblance que ces deux romances offrent avec la ballade de Renaud. Ils sont peu connus et c'est ce qui nous a engagé à en citer des fragments.

La ballade de Renaud se chante avec des variantes dans l'ancien département de la Moselle. Dans le village de Chesny on en connaît une version qui offre les différences suivantes :

> Sa mèr' qui regarde d'en haut
> Voit revenir son fils Renaud.
> . . . .
> Montez là-haut dedans ma chambre,
> Votr' lit est fait, posez-le doucement.
> . . . .
> Dites-moi, ma mère, ma mie,
> Qu'est-ce que fait mon mari?
> Votr' mari est bien et dort dans un bon lit.

Dans d'autres villages, la complainte se termine par ces vers si touchants :

> Ma mère, dit's au fossoyeux
> Qu'il fasse la fosse pour deux
> Et que l'espace y soit si grand
> Qu'on y renferme aussi l'enfant.

La complainte de Renaud est tellement connue dans toute la France, qu'il serait difficile peut-être d'indiquer exactement tous les recueils où elle se trouve. On la rencontrera dans le *Barzas breiz*, t. I, p. 45; dans le *Gwerziou breiz-izel*, t. I, p. 4, que nous avons déjà mentionnés; dans le *Romancero de Champagne*, t. II, p. 125; les *Noëls et Chants populaires de la Franche-Comté*, p. 85; l'*Almanach de Boulogne-sur-Mer* pour 1863; les *Instructions relatives aux poésies populaires*, p. 37. Voir aussi la *Revue critique*, t. I, p. 302, t. II, p. 127, 287. Quant aux recueils étrangers qui renferment cette ballade, nous les avons cités précédemment.

II

Germaine

(LORRY-LÈS-METZ)

I

C'est la belle Germaine
Qui si a mariée
A l'âge de quinze ans.
Son mari l'a quittée,
A l'âge de vingt ans,
Pour aller guerroyer.

Et au bout de sept ans,
Le voilà revenu,
Et au bout de sept ans,
Le voilà revenu,
L'a revenu tout droit,
Tout droit dans son logis.

— Bonjour, Madame, bonjour,
Bonjour vous soit donné.
— Bonjour à vous aussi,
Grand comte révéré.
— Nous avons venu voir
Logerons-nous céans ?

Oh ! non, certain, dit-elle,
Vous n'y logerez point.
N'avons point d'écurie
Pour vos chevaux loger,
Ni des beaux draps assez,
Pour vos gens y coucher.

Allez-vous en là-bas,
Là-bas dans ce château,
Ont des belles écuries
Pour vos chevaux loger,
Et des beaux draps assez,
Pour vos gens y coucher.

II

— Bonjour, bonjour, Madame,
Bonjour vous soit donné.
— Bonjour à vous aussi,
Grand comte révéré.
— Nous avons venu voir
Logerons-nous céans ?

— Oh ! oui, certain, dit-elle,
Vous y logerez bien ;
Avons des écuries
Pour vos chevaux loger,
Et des beaux draps assez,
Pour vos gens y coucher.

— Oh ! dites-moi, Madame,
Qu'aurons-nous à coucher ?

— S'il vous plaît des pucelles,
On peut vous en trouver.
Voici mes demoiselles,
Sont-elles à votre gré ?

— Vous ni vos demoiselles
Ne sont point à mon gré,
Ce ne sont des pucelles
Que je veux pour coucher,
C'est la belle Germaine
Qui seule est à mon gré.

— Oh ! dites-moi, Messire,
La veux-je aller chercher ?
— Oh ! oui, certain, dit-il,
Allez me la chercher.
Dites-lui, je vous prie,
S'il lui plaît de venir.

III

— Bonjour, Germaine, bonjour,
Bonjour vous soit donné.
— Et à vous aussi, mère,
Mère de mon baron.
— Nous avons voulu voir
Si vous voulez coucher.

— Si vous n'étiez pas mère,
Mère de mon baron,
Je vous ferais étrangler

Par mes deux chiens lions,
Je vous ferais jeter
Dans l'eau dessous le pont.

IV

— Oh! dites-moi, Madame,
Ce qu'elle vous a dit.
— C'est la plus fière bête
Qui soit dans le pays,
Et la plus orgueilleuse
Que l'on puisse choisir.

— Je remercie Dieu
De ce qu'elle n'est venue;
Je vois qu'elle a gardé
Sa foi et sa vertu.
Si elle était venue,
C'était une femme perdue.

— Oh! dites-moi, Monsieur,
Si elle y avait venu
Que lui auriez-vous fait?
— Si elle était venue,
Avec ma claire épée
La tête y aurais tranchée.

V

— Logez, logez, Germaine,
Pour Dieu, votre mari!
— Encor n'y croirais-je pas

Que vous êtes mon mari,
Ou bien vous me direz
Quel jour je fus épousée.

— J'ai épousé Germaine
Le matin, le lundi.
— Encor ne croirais-je pas
Que vous êtes mon mari,
Ou bien vous me direz
Ce qui m'est arrivé.

— C'est arrivé, Germaine,
Que votre anneau rompit ;
— En voilà la moitié,
Montrez la vôtre aussi.
Ouvrez, ouvrez, Germaine,
Ouvrez à votre ami.

NOTE.

Voici, je le crois, une des plus anciennes pièces de ce recueil. Elle n'appartient pas, du reste, exclusivement à nos contrées ; on la retrouve dans diverses provinces et même hors de France. C'est un de ces chants qui paraissent donner raison à M. Nigra, en ce sens qu'ils semblent indiquer un fonds commun de littérature populaire. Entre *Don Guillermo, la Pourcheireto, l'Épouse du croisé, Germine* et notre chanson, il y a une telle ressemblance qu'on ne peut croire à des rencontres fortuites, l'imitation est bien positive, on va en juger. Voici d'abord le romance catalan de *Don Guillermo* :

Don Guillermo

El rey n'ha fet fé una crida — unas cridas n' ha fet fé'
De que tots los caballeros — á la guerra hajin d' ané' ;

Y tambe lo D. Guillermo — aquell tambe hi ha d' ané'
Qu' en te la dona bonica — y no l'en gosa deixé',
Que l' encomani á sa mare — que l' en gobernará be
Que no li fassi fer feinas — qu' ella no las pugui fé'.
Las feinetas qu' ella feya — son planchá,'cusi y brudé,
Si 'l brudé, no li agrada — que ni fassi fer mitxé,
Si 'l mitxé no li agrada — que ni li fassi fer re.
L' endemá á la matinada — porquerola la 'n fan se.
« Porquerola, porquerola — es hora d' aná' á avié,
Llevat la roba de seda — y posat la de borré,
Yo t' en poso set fusadas — y un feix de llenya també »
— ¿ « Ay sogra, la meba sogra — ahont aniré yo á avié? »
« L' alsiná de D. Guillermo — bon alsiná hi sol habé', »
Un dia cantant soleta — veu venir tres caballers,
D. Guillermo diu als altres — sembla veu de ma mullé,
« Deu la guart la pastoreta » — « Deu lo guart lo caballé »
— « Pastoreta, pastoreta — ya es hora de retiré'. »
— « Faré encara tres fusadas — y un feix de llenya tambe »
Ab la punta de l' espada — un feix de llenya li 'n fé
Y de tant soroll qu'en feya — un porsell n' hi fugigué.
— « ¿Pastoreta, pastoreta — ahont hi hauria un hostalé? »
— « Vagin aqui á casa el sogre — bona vida solen fé',
De capons y de gallinas — y algun pollastre també. »
— « Anem, anem pastoreta — qu' es hora de retiré' »
— « No aniré á dormir á casa — que yo prou m' en guardaré
— « Si qu' hi aniras pastoreta — que yo t' en defensaré.
¿Pastoreta, pastoreta — que t' en donan per menjé? »
— « Una coca de pa d' ordi — que prou l' hatx de menesté. »
— « ¿Hostalera, hostalera — qui vindrá ab mi á supé? »
— « Que vingui la nostra jove — ma filla l'en guardaré. »
— « Set anys no hi manjat en taula — y altres set men estaré
Set anys no hi menjat en taula — ni en taula ni en taulé
Sino dessota la taula — com si fos un gos llebré »
— « ¿Hostalera, hostalera — qui fa llum al caballé? »
— « Qu' en fasi la nostra jove — ma filla l' en guardaré, »
— « ¿Hostalera, hostalera — qui vindrá ab mi al llité?. »
— « Que vingui la nostre jove — ma filla l' en guardaré',
— « Antes yo no hi aniria — de finestra em tiraré.
Set anys no hi dormit en llit — y altres set men estaré:
Set anys no hi dormit en llit — ni en llit ni en llité
Sino á la hora del foch — com si fos un gat cendré. »
A la porta de la cambra — un anell li entregué,
Ya 'n van girar la claueta — y al lit s' en varen fiqué'.
L'endemá á la matinada — la sogra ya la cridé.

« Llevat, llevat, porquerola — que 'ls porcells ya 'n grunyan be
Yo ten poso set fusadas — y un feix de llenya també »
— « Feu-li anar la vostra filla — ma muller l' en guardaré [1].
Si no 'n fossiu mare meba — yo os en faria cremé'
Y la cendra qu' en farieu — un mal vent se l' emporté. »

  (*Observationes sobre la poesia popular*, por D. M. Milà y
  Fontanals. *Romancerillo catalan*, p. 119, n° 21.)

  Je ne transcrirai pas la ballade provençale *la Pourcheireto*, puisque M. Damase Arbaud, qui l'a publiée, interdit toute *traduction et reproduction même partielle* des chants qui composent son recueil. Devant cet empêchement d'une légalité d'ailleurs fort contestable et dont nul éditeur de poésies populaires n'a imité la rigueur, je me bornerai à dire que *la Pourcheireto* et *Don Guillermo* offrent comme donnée principale et comme particularités la plus grande analogie.

  Le chant breton qui roule sur le même sujet diffère, par les détails, du romance catalan et du morceau provençal. Mais tous trois ont certainement une origine commune; le lecteur s'en convaincra en parcourant la traduction suivante empruntée à M. de la Villemarqué :

L'Épouse du Croisé

  « Pendant que je serai à la guerre pour laquelle il me faut partir, à qui donnerai-je ma douce amie à garder ? — Emmenez-la chez moi, mon beau-frère, si vous voulez, je la mettrai en chambre avec mes demoiselles.

  Je la mettrai en chambre avec mes demoiselles ou dans la salle d'honneur avec les dames; on leur préparera leur nourriture dans le même vase, elles s'asseyeront à la même table. —

---

1. Il y a quelque chose de semblable à ce passage dans la ballade allemande *Das wiedergefundene Kœnigskind* :

  Und wie es Morgens Tag ward,
  Frau Wirthin vor die Kammer trat :
  — Steh' auf, du schnœde Magd, steh' auf,
  Füll deinen Gæsten die Hæfelein auf!
  — O nein ! lass du schœn Aennelein in Ruh
  Füll deine Hæfelein selber zu,
  Mein Schwester Aennelein muss's nimmermehr thun.

Ici il s'agit de la reconnaissance d'un frère et d'une sœur, sujet mille fois traité par la poésie populaire de tous les pays.

Peu de temps après, elle était belle à voir, la cour du manoir de Faouet, toute pleine de gentilshommes, chacun avec une croix rouge sur l'épaule, chacun sur un grand cheval, chacun avec une bannière, venant chercher le seigneur pour aller à la guerre.

Il n'était pas encore bien loin du manoir que déjà son épouse essuyait plus d'un dur propos. — Jetez là votre robe rouge et prenez-en une blanche et allez à la lande garder les troupeaux.

— Excusez-moi, mon frère, qu'ai-je donc fait? Je n'ai gardé les moutons de ma vie. — Si vous n'avez gardé les moutons de votre vie, voici une longue lance qui vous apprendra à les garder. —

Pendant sept ans elle ne fit que pleurer; au bout des sept ans elle se mit à chanter. Et un jeune homme qui revenait de l'armée ouït une voix douce sur la montagne.

— Halte, mon petit page; tiens la bride de mon cheval, j'entends une voix d'argent chanter sur la montagne. Il y a aujourd'hui sept ans que je l'entendis pour la dernière fois.

— Bonjour, jeune fille de la montagne; vous avez bien dîné que vous chantez si gaîment? — Oh! oui, j'ai bien dîné, grâces en soient rendues à Dieu, avec un morceau de pain sec que j'ai mangé ici.

— Dites-moi, jeune fille qui gardez les moutons, dans ce manoir que voilà pourrai-je être logé? — Oh! oui, sûrement, Monseigneur, vous y trouverez un gîte et une belle écurie pour mettre vos chevaux. Vous y aurez un beau lit de plume pour vous reposer, comme moi autrefois quand j'avais mon mari; je ne couchais pas alors dans la crèche parmi les troupeaux, je ne mangeais pas alors dans l'écuelle du chien.

— Où donc, mon enfant, où donc est votre mari? Je vois à votre doigt votre bague de noces. — Mon mari, Monseigneur, est allé à l'armée; il avait de longs cheveux blonds, blonds comme les vôtres.

— S'il avait des cheveux blonds comme moi, regardez bien, ma fille, ne serait-ce pas moi? — Oui, je suis votre dame, votre amie, votre épouse; oui c'est moi qui m'appelle la dame de Faouet.

— Laissez là ces troupeaux, que nous nous rendions au manoir, j'ai hâte d'arriver. — Bonjour à vous, mon frère, bonjour à vous; comment va mon épouse que j'avais laissée ici?

— Toujours vaillant et beau, asseyez-vous, mon frère. Elle est allée à Quimperlé avec les dames; elle est allée à Quimperlé, où il y a une noce. Quand elle reviendra, vous la trouverez ici.

— Tu mens, car tu l'as envoyée, comme une vile mendiante, garder les troupeaux; tu mens par tes deux yeux! car elle est derrière la porte qui sanglote. Va-t'en cacher ta honte, va-t'en, frère maudit, ton cœur est plein de mal et d'infamie. Si ce n'était ici la maison de mon père et de ma mère, je rougirais mon épée de ton sang. »

(*Barzas Breiz*, t. I, p. 248.)

M. de Beaurepaire, dans son *Étude sur la poésie populaire en Normandie*, a indiqué un chant ayant la même donnée que les morceaux qui précèdent (p. 76). M. Champfleury l'a publié entièrement dans les *Chansons populaires des provinces de France* (p. 195), et c'est d'après ce recueil que je vais le reproduire; il existe entre cette pièce et la nôtre autant d'analogie qu'entre le romance catalan et la ballade provençale.

Germine

— Ah! bonjour donc, fillett', fillette à marier.
— Je ne suis point fillette, fillette à marier.
Mon père m'a mariée à quinze ans et demi :
V'la aujourd'hui sept ans que je n'ai vu mon mari.
— Ah! bonjour donc, madam', pouvez-vous nous loger?
— Non, non, mes beaux messieurs, je ne puis vous loger :
Car à mon mari je promis fidélité,
Allez à c' beau château que vous voyez d'ici,
Là vous y trouverez un log'ment pour la nuit :
Car c'est là qu' reste la mèr' de mon mari.

— Ah! bonjour donc, madam', pouvez-vous nous loger?
Oui, oui, mes beaux messieurs, je puis bien vous loger.
Ainsi que pour y boir', pour y boire et manger.
— Nous ne voulons ni boir', ni boire et ni manger,
Sans que Germin' vot' fill' vienne nous accompagner.

— Ah! bonjour donc, Germin'; il y a trois beaux messieurs
Qui ne veulent ni boir', ni boire, ni manger,
Sans que tu sois, Germine, à les accompagner.

— Si n'étiez pas la mèr', la mèr' de mon mari,
Je vous ferais passer à Lyon sur le pont
Pour vous faire manger par les petits poissons.

La bell'-mèr' s'en retourn', s'en retourne en pleurant :
— Mangez, mes beaux messieurs, Germin' n' veut pas venir ;
C'est la plus méchant' femm' qu'il y ait dans le pays.
— Si vous n'tiez pas la mèr', la mèr' qui m'a nourri,
Je vous ferais passer au fil de mon épée,
D'avoir voulu séduir' Germin' ma bien-aimée.

Ouvre ta port', Germin', c'est moi qui est ton mari.
— Donnez-moi des indic's de la première nuit
Et par là je croirai que vous ét's mon mari.
— T'en souviens-tu, Germin', de la première nuit
Où tu étais montée sur un beau cheval gris,
Placée entre tes frères et moi ton favori.

— Donnez-moi des indic's de la deuxième nuit.
— En te serrant les doigts, ton anneau y cassa :
Tu en as la moitié et l'autre la voilà. —
Elle appela la servant', Genett', venez bien vite,
Apprêtez feu et flambée, et faites un bon repas :
Car voici mon mari que je n'attendais pas.

La ballade du *Sire de Créquy*, dont nous parlerons un peu plus loin, se termine à peu près de même que la chanson qui précède.

Une énorme quantité de chants et de traditions populaires offrent encore des rapports avec l'histoire de Germine. La belle Mélisenda, captive chez les Mores, s'adresse à un chevalier qu'elle aperçoit de sa fenêtre et lui demande des nouvelles de son époux don Gaiferos. C'est cet époux lui-même qui est devant elle et qui vient la délivrer. (*Primavera y flor de romances*, t. II, p. 237.) Cet épisode a été imité dans le romance qui commence par ces vers :

Caballero de lejas tierras.

Dans un autre romance (*Primavera y flor*, t. II, p. 88), une femme qui depuis longtemps pleure l'absence de son mari, demande à un chevalier si dans ses voyages il ne l'aurait point rencontré. Le chevalier répond que ce mari peu constant a été tué dans la maison d'un Gênois dont il courtisait la fille. La dame, désolée, déclare qu'elle va entrer dans un couvent, et c'est alors que le chevalier se fait reconnaître ; c'est son mari à qui elle vient de parler. Le romance portugais qui débute ainsi (*Romanceiro de Almeida Garrett*, t. II, p. 7),

> Estaba a bella infanta,
> No sem jardim assentada,

rappelle le romance espagnol précité. Même sujet dans un chant vénitien de Benroni : *Il Ritorno della guerra*. Dans un romance catalan (*Romancerillo*, p. 110), Blancaflor brode au bord de la mer ; elle voit venir plusieurs vaisseaux et interroge un marinier sur son mari qu'elle n'a pas vu depuis sept ans. S'il ne revient pas à la fin de la septième année, elle se fera religieuse. Le marinier est son mari. Un autre romance catalan, le *Retour du pèlerin*, est écrit sur le même sujet. (*Romancerillo*, p. 111.)

Quatre chants grecs racontent à peu près de même le retour d'un mari près d'une femme fidèle dont il ne se fait pas reconnaître sur-le-champ. (*Chants populaires de la Grèce*, traduits par Marcellus, p. 155, 162, 163 ; *Canti raccolti da Tommaseo*, t. II.) Dans la Vénétie on chante la constance d'une épouse dont le mari est depuis huit ans parti pour la guerre. Un jour, un pèlerin vient demander la charité à la jeune délaissée :

> Padre mio non so cosa darve
> Se non vi dago del pan e del vin.
> — Pan e vino mi non voglio,
> Sol una note dormire con vu.

Elle menace le pèlerin de le faire jeter à la porte :

> — E se fossi il vostro marito,
> Tanto mal mi voleste far ?
> — E se fosti il mio marito,
> Qualche segno m'avreste dà. —
> Tira fuora la man bianca :
> — Quest'é l'anelo che vi ho sposà.
> (*Volkslieder aus Venetien*, p. 59, n° 81.)

Dans la Vénétie encore une fiancée demande à un soldat s'il n'a pas vu son amant, il lui répond qu'il est mort. La jeune fille donne les signes de la plus vive douleur. C'est son amant qui l'éprouvait par une fausse nouvelle. (*Volkslieder aus Venetien*, p. 59, n° 81.) Même épisode dans un chant des environs de Gênes. (*Canti popolari raccolti da Marcoaldi*, p. 152.) Même épisode à peu près dans le *Romancero de Champagne*, t. II, p. 2 et 221. Dans le Tyrol, un mineur, après avoir disparu pendant sept ans, revient trouver sa femme qui le croyait mort. Elle le reconnut seulement quand elle l'entendit lui indiquer plusieurs objets qui devaient se trouver dans une armoire. (*Traditions du Tyrol, Revue de Paris*, 1840, t. VI.)

Dans la ballade allemande *Liebesprobe* (*Deutsches Balladenbuch*, p. 14) il s'agit aussi d'un amant qui retrouve sa maîtresse après sept ans d'absence. Il lui dit que la veille il a traversé une ville où celui qu'elle aimait célébrait sa noce. La jeune fille, loin de maudire l'infidèle, lui souhaite autant de jours heureux qu'il y a d'étoiles dans le ciel. Ici c'est encore une bague qui amène le dénouement :

> Was zog er von seinem Finger?
> Ein Ring von reinem Gold gar fein,
> Er warf den Ring in ihren Schooss,
> Sie weinte, dass der Ring gar floss.

Ce sujet est du reste très-répandu dans le Nord ; nous voyons par les notes que M. A. Wolf a jointes aux chants de la Vénétie, qu'on le retrouve dans la collection de Uhland, *Althoch- und niederdeutsche Volkslieder* (p. 263); dans celle de Mittler, *Deutsche Volkslieder* (n° 54); dans celle de Schade, *Volkslieder aus Thüringen* (n° 4); qu'il est connu en Hollande (Hoffmann, *Horæ Belgicæ*), en Flandre (*Onde Wlaemsche Liederen*), en Bohême (Waldau, *Bœhmische Granaten*), en Angleterre (Percy's *Reliquies of encient english poetry*)...

Revenons un instant à la chanson qui a provoqué cette longue note. Il nous le semble, notre rédaction doit être plus ancienne que celle des *Chants populaires des provinces de France*. L'étrangeté de certains détails — qu'on remarque aussi dans la version catalane et la version provençale — rappelle les mœurs bizarres dont Sainte-Palaye a parlé dans ses *Mémoires sur la chevalerie* (t. I, p. 394), et un passage du roman de *Gérard de*

Roussillon. (V. *Gérard de Roussillon,* dans le *Lexique roman* de Raynouard, t. I, p. 197.)

Dans plusieurs de nos villages on rencontre d'évidentes imitations de *Germaine*, telle est une chanson qui nous est venue de Rémilly et qui commence ainsi :

> Ma charmante Nanette,
> Je viens te dire adieu ;
> Apprends-le, ma poulette,
> J'abandonne ces lieux.....

A cette note, que contenait la première édition de ce recueil, j'ajouterai que M. Nérée Quepat a trouvé une version différente de *Germaine*, il l'a donnée sous ce titre : *le Fils du roi,* dans les *Chants populaires messins,* page 5.

M. V. Schmit a donné dans *Romania* (t. I, p. 365) une version fort curieuse et fort ancienne de *Germaine,* sous ce titre : *la Porcheronne.*

III

Le Retour du Mari

(RETONFÉY)

J'ai fait une maîtresse
Il n'y a pas longtemps,
Et le jour que je l'épouse
N'y vient un mandement
Pour aller dans la guerre
Servir le roi céans.

Mais la jeune épousée
Ne fait que d'y pleurer.
— Ne pleurez pas tant, belle,
Ne soupirez pas tant,
Cette jolie campagne
Ne durera pas long temps.

Mais la jolié campagne
A bien duré sept ans,
Et le jour que j'arrive
Ma femme prend un mari.
Oh! le bonheur pour moi
Que c'était au cabaret.

Je m'en vais à sa porte
Demandant à loger.
— Nous n'y logeons personne,
Nous sommes embarrassés.
Pour des soldats de guerre
Nous ne pourrions les loger.

— Je m'en vais chez ma mère
Que mon cœur aime tant.
— Nous avons de belles chambres
Et de beaux lits carrés,
Et de belles écuries,
Pour votre cheval loger. —

Quand ç'a venu à l'heure,
A l'heure du souper,
L'un de ces mignons frères
M'est venu saluer
En me disant : Monsieur,
Venez avec nous souper.

Mais quand ç'a venu à l'heure,
A l'heure du dessert :
— Il nous faut jouer aux cartes,
Aux cartes, aussi aux dés,
Voir qui aura la belle
Ce soir à son coucher.

Tous les gens de la noce
M'y ont tous regardé.
— Oh ! non, mon beau gendarme,

Ne vous y trompez pas ;
Notre belle mariée
Ne vous appartient pas.

— Je ne jouerai point aux cartes,
Aux cartes ni aux dés ;
Je ne jouerai point aux cartes,
Aux cartes ni aux dés,
Et si j'aurai la belle
Ce soir à mon coucher.

— Où sont les bagues d'or,
Aussi les diamants,
Que le jour de vos noces
Je vous ai fait présent
Il y a passé sept ans ?

— Les diamants, dit-elle,
Que vous m'avez donnés,
Sont là-haut dans nos chambres
Dans un coffre fermé ;
Devant la compagnie,
Je m'en vais les chercher.

Mon Dieu ! est-il possible !
(La fin manque.)

NOTE.

Cette chanson, comme la suivante, rappelle la donnée de Germaine dont elle peut sembler une transformation vulgaire.

Elle en diffère toutefois par la position de la femme qui n'est pas restée aussi fidèle à son époux que les vertueuses héroïnes dont nous parlions dans la note précédente, et se rattache à l'histoire bien souvent racontée d'un mari qui arrive tantôt trop tard pour empêcher un second mariage, tantôt juste à temps pour s'opposer à la formation de nouveaux nœuds. Cette histoire est celle du comte de Calw (*Traditions populaires des frères Grimm*, t. II, p. 308); celle d'Henri le Lion (t. II, p. 289); celle du noble Mœringer (t. II, p. 304); — ces deux derniers, comme dans notre chanson de Germaine, se font reconnaître par un anneau; — celle du comte Dirlos (*Primavera y flor*, t. II, p. 129). En Angleterre, un vitrail du château de Haigh représente, suivant W. Scott, une aventure semblable. En Bretagne, c'est l'arrivée d'un mari qui forme le fonds du chant *la Ceinture de noce* (*Barzas Breiz*, t. I, p. 387). Dans un vieux poème italien, *La Spagna* (canto XXII), Charlemagne revient dans une circonstance pareille; c'est ce que racontent aussi de vieilles traditions allemandes (*Revue de Paris*, 1837, t. II, *Traditions d'Allemagne*, par M. Marmier). En Catalogne (*Romancelliro*, p. 107), un mari, que la guerre a tenu absent pendant sept ans, apprend qu'un roi more s'est emparé de sa femme; il se rend près d'elle déguisé en pèlerin et l'enlève. En Catalogne toujours, don Luis (*Romancerillo*, p. 107) paraît au moment où sa femme va se remarier; elle le reconnaît à ses chants. Situation analogue dans le romance portugais *A Noiva roubada*. (*Romanceiro geral*, p. 20); dans plusieurs chants grecs (*Recueil de Marcellus*, p. 153, 162, 163). En Champagne, le fantôme d'un mari a inspiré une chanson recueillie par M. Tarbé (*Romancero de Champagne*, t, II, p. 122). Rappelons encore que la *Légende de saint Alexis, Valentin et Orson*, le roman de la Bibliothèque bleue, *Jean de Calais*, et le livre espagnol, *El noble cuento del enperador Carlos Maynes de Rroma et de la buena enperatriz Sevilla* (*Historia de la Literatura española*, par don J. Amador de los Rios, tomo V, p. 64, n[a] 2), offrent des similitudes avec cette situation qui, dans l'antiquité, a fourni à Homère un des plus intéressants morceaux de l'Odyssée, le retour d'Ulysse (*Odyssée*, ch. XXIII). On ne saurait, du reste, attribuer à une même source le récit de ces arrivées inespérées ou imprévues de maris crus morts. C'est là un incident qui a dû se reproduire plus d'une fois au moyen âge et dont la poésie populaire a pu trouver l'idée dans la vie réelle. La fin de notre chanson, *le Retour du mari,* fait souvenir de quelques vers de la complainte de Marianson (*Étude sur la poésie populaire en Normandie,* p. 93) :

> — Ah! venez çà, rusée catin,
> Où sont les anneaux de vos mains?
> — Prenez la clé du cabinet,
> Mes trois anneaux vous trouverez.

On rencontre des détails semblables dans le chant piémontais *le Prince Raymond :*

> Cos'as tu fajt dëj doj anelin?
> — Pié la ciav dël me cofonin,
> Là troverej vos doj anelin.
> (*Canzoni popol.,* fasc. 2, p. 66.)

La ballade du *Sire de Créquy,* citée en partie par M. Rathery (*Moniteur* du 26 août 1853), se rapproche beaucoup de la donnée des chants précédents et de celle de *Germaine.* Le sire de Créquy, parti pour la croisade, revient au moment où sa femme va se remarier, il est déguisé en pèlerin et se fait reconnaître en montrant la moitié d'un anneau qui a été brisé le jour des noces.

> — Le sire de Créquy adonc ne fut occis,
> Reprit le chevalier, — car Dame, le voici :
> Ravisez votre époux qui vous avait si chère.
> — Jamais je ne croirai que tu sois mon mari,
> Si tu ne me racontes ce qu'il fit la nuit,
> De son département quand dans mon lit couchée,
> J'étais si très dolente et si déconfortée.

> — Votre anneau d'épousailles en deux je brisai,
> Vous prîtes la moitié, l'autre je la gardai,
> O dame! le voici de ma foi ce cher gage,
> Que jadis je vous ai baillé en mariage.

IV

Le Soldat revenant de guerre

(RETONFÉY)

Soldat revenant de la guerre,
    Coucou.
Un pied chaussé et l'autre nu,
    Coucou, corna, ricoucou.

— Je reviens de la guerre,
    Coucou.
Hôtesse avez-vous du vin blanc ?
— Soldat, avez-vous de l'argent ?
    Coucou, corna, ricoucou.

— De l'argent, je n'en ai guère,
    Coucou.
J'engagerai mes pistolets,
Mon manteau et mon cheval blanc.
    Coucou, corna, ricoucou.

Soldat se mit à table,
    Coucou.
— J'ai mon mari qui est à l'armée,
Il vous ressemble, je crois que c'est vous !
    Coucou, corna, ricoucou.

— Quand je suis parti pour la guerre,
    Coucou.
Je n'avais laissé qu'un enfant,
Et t'en voilà trois à présent.
    Coucou, corna, ricoucou.

Si je savais où est le père,
    Coucou.
Je tuerais le père et la mère ;
J'engagerais les trois enfants.
    Coucou, corna, ricoucou.

J'en mettrais un dans les trompettes,
    Coucou.
Un autre dans la cavalerie,
Et l'autre il servira aussi.
    Coucou, corna, ricoucou.

NOTE.

Cette chanson offre de la ressemblance avec les pièces qui précèdent, mais ici le mari arrive décidément trop tard. On retrouve cette pièce dans le recueil de M. Bujeaud, t. II, p. 83, mais là il s'agit d'un marin. On m'a communiqué une autre rédaction de cette chanson, dans laquelle il s'agit également d'un marin. Le refrain est différent, il rappelle, mais d'une façon plus accentuée, le *Je m'en ris,* de Béranger. Le même sujet a été traité en allemand : *Die deutschen Volkslieder,* gesammelt von K. Simrock, p. 475. Cette donnée rappelle encore celle du romance portugais *O Cordao de oiro* (Al. Garrett, t. III, p. 188) ; la *Moglie del soldato* des chants de Montferrat, n° 6; la *Margherita* des chants romains (*Riv. di lett. pop*, p. 29), etc.

V

Le Dragon

(MALAVILLERS)

L'autre jour en m'y promenant
Le long de la rivière coulant.
En chemin j'y ai rencontré
Trois beaux dragons, sabre au côté.

Le plus joli m'a demandé :
— Êtes-vous mariée, tendron ?
— Oh! non, oh! non, jeune dragon,
Jamais je n'en eus la pensée.

— Belle, si vous voulez être à moi,
Que mes amours soient dans les vôtres.
Cet anneau d'or que j'ai z'au doigt,
Belle, mettez-le dans le vôtre.

— Cet anneau d'or je n' peux l'y mettre,
Je suis encore bien trop jeunette ;
Vous avez encor bien le temps
De faire un tour au régiment.

Le beau galant n' fut pas parti,
Voilà son pèr' qui la marie.
A un vieillard il l'a donnée
Et qui n'était pas à son gré.

Au bout de quelque temps après,
Voilà le galant arrivé :
— Ouvrez, ouvrez, charmante beauté,
C'est votre amant qu' vient d'arriver.

O faites-moi mourir, la belle,
Prenez mon cheval et la selle.
Écrivez à tous mes parents
Que j'y suis mort au régiment.

de ne pas donner tout entière, après avoir lu le court échantillon que voici :

> Francœur, les yeux fixés sur une pierre,
> Dit, en laissant quelques larmes couler :
> Ici repose en paix sous cette pierre
> La plus jolie, cell' que j'ai tant aimée.

On trouve une donnée semblable dans le *Pierrot* du recueil de M. Damase Arbaud et dans deux chansons italiennes. Marcoaldi en a publié une p. 167 de sa collection; la seconde, qui est vénitienne, se retrouve dans les *Canti Veneziani* de Bernoni, livraison IX, n° 6.

VII

La Femme abandonnée

(BOUSSE)

Mon amant s'est engagé
Pour aller dans la Flandre ;
N'ai-je pas sujet de pleurer
Mon ami qui s'est engagé ?

Je cours en bas, je monte en haut
Dans ma plus haute chambre,
Je ne vois rien venir
Qu'un messager de Flandre.

— Messager, bon messager,
Quelle nouvelle dans la Flandre ?
N'ai-je pas sujet de pleurer
Mon ami qui s'est engagé ?

— Les nouvelles que j'apporte
Ne vous rendront pas contente.
— N'ai-je pas sujet de pleurer
Mon ami qui s'est engagé ?

— Votre amant s'est marié
Avec une Flamande ;
Elle n'est pas si riche que vous,
Mais elle est plus puissante.

Elle fait venir le soleil
A minuit dans sa chambre,
Elle fait bouillir la marmite
Sans feu et sans rente.

— Mon ami m'a donc oublié,
Pour un' femme de la Flandre !
N'ai-je pas sujet de pleurer
Mon bel ami qui s'en est allé ?

NOTE.

On aura remarqué dans cette chanson une allusion assez singulière à la magie. Notre version est incomplète. M. Bujeaud en a donné une meilleure dans ses *Chants pop. des provinces de l'Ouest*, t. I, p. 203. On connaît notre chanson au Canada. Dans celle-ci, c'est la fille d'un roi qui a été délaissée ; elle l'apprend par un messager, et lui ayant demandé si sa rivale l'emporte sur elle par la beauté, le messager lui répond :

> — Ell' n'est pas plus bell' que toi,
> Mais elle est plus savante,
> Ell' fait neiger, ell' fait grêler,
> Ell' fait le vent qui vente ;
> Ell' fait reluire le soleil
> A minuit dans sa chambre,
> Ell' fait pousser le romariu
> Sur le bord de la Manche.....
>
> (*Chansons pop. du Canada*, p. 295.)

La collection manuscrite des *Poésies populaires de France* contient (t. VI, cinquième recueil, Ardennes, n° 2) une version à peu près pareille à celle du Canada.

VIII

Petite Rosalie

(VERNÉVILLE)

Petite Rosalie qu'a perdu son amant,
N'est-ce pas bien dommage,
A l'âge de quinze ans ?
— Il m'avait dit d'attendre
Dans ces champs là-bas.
Mais j'ai beau à l'attendre
L'ingrat ne revient pas.
Rossignol sauvage,
Rossignol heureux,
Apprends-moi des nouvelles
De mon cher amoureux.

— Ton amoureux, la belle,
Il a passé le Rhin ;
Il a quitté la France,
Il est déjà bien loin.
Prends des habits de troupe,
Habille-toi z'en guerrier,
Et pars sur la grand'route
Comme un bon cavalier.

Quand la belle fut en Prusse
Elle vit son amant

Qui faisait l'exercice
Tout au milieu du rang.
— Si j'avais su, la belle,
Que tu m'aurais trouvé,
J'aurais passé la mer,
La mer j'aurais passé.

— Oh! Dieu, est-il possible!
J'ai fait autant de pas
Pour un amant que j'aime,
Et lui ne m'aime pas!
Rossignol sauvage,
Qui habites dans ces lieux,
Apprends-moi des nouvelles
De mes autres amoureux.

— Tes amoureux, la belle
Ils sont tous mariés,
Ils ont tous pris pour femmes
Des filles de la contrée.
— Voilà que je suis seule
Seule et abandonnée,
Pour un méchant amant
Que j'ai bien trop aimé.

NOTE.

Cette chanson a été, avec de notables différences, publiée dans la *Revue littéraire de la Franche-Comté* (nov. 1863, p. 32). On en trouve aussi une leçon dans les *Chants populaires des provinces de l'Ouest*, t. 1, p. 293. La poésie étrangère offre aussi quelques paralièles avec *Petite Rosalie* et rappelle les morceaux que j'ai cités à propos du *Retour du Mari*, mais ici les rôles sont intervertis et ce sont les femmes qui viennent retrouver leurs époux, soit au moment où ils vont devenir bigames, soit lorsque l'infidélité est déjà complète. En Espagne, le comte Sol (*Primavera y flor*, t. I, p. 48) ayant été guerroyer après son mariage, ne se presse pas de revenir dans sa maison. Sa femme délaissée se met à sa recherche et le découvre dans un château au moment où il va former une nouvelle union. Le comte Sol, qui vaut mieux que l'amant de la petite Rosalie, revient à ses premières amours. Dans les Asturies (*Jahrbuch*, 1861), le comte Sol devient Gerinaldo. Dans le romanceiro portugais (*Romanceiro* d'Almeida Garrett, t. III, p. 22; *Romanceiro geral*, p. 38; *Cantos do Archipelago açoriano*, p. 13 et 14), on rencontre une même donnée. C'est encore sur ce sujet que roule la *Canzone* de Moran d'Angleterre (*Canzoni pop. del Piemonte*, p. 186), que M. Nigra compare à un chant anglais : *Suzette Pie*.

IX

L'Amant fidèle

(VERNÉVILLE)

Il y aura bientôt sept ans,
Que je n'ai vu mon cher amant.
Mon amant est allé en Flandre
Joindre son joli régiment.
S'il ne revient dans peu de jours,
M'en irai finir mes jours
Dans le couvent des Urselines ;
C'est là qu'on mène, en languissant,
Une vie triste et chagrine.

Au bout de sept ans tout au plus,
Son cher amant qu'est revenu,
Tout droit au logis de son père
Lui a présenté son salut :
— Bonjour, Monsieur, où est celle,
Celle que mon cœur aime tant?
— Vous voyant parti si longtemps
Elle s'est rendue dans le couvent,
Dans le couvent des Urselines
Où l'on ne vit qu'en languissant.

Le pauvre amoureux à l'instant
S'en va à la porte du couvent,
Versant des pleurs, versant des larmes,
Pleurant sa maîtresse amèrement.
Demande à parler à la belle,
A celle que son cœur aime tant !
La belle abbesse à l'instant
Lui dit : — Mon très-cher enfant,
Cessez vos pleurs, cessez vos larmes.

Ici ne faut point ici de galant.
Celle dont vous pleurez les charmes
S'est rendue dans notre couvent.
— Madame, ayez pitié de moi,
Je sors du service du roi ;
Je sais qu'il faut qu'elle demeure
Puisqu'elle s'est mise sous vos lois,
Mais pour Dieu, avant que je meure,
Que je la voie encore une fois !

Voyant cet amant fondre en pleurs,
On fit venir la jeune sœur.
Quelle tristesse pour sa maîtresse !
Celle-ci déplorait son sort,
Disant : — Si je suis détenue
C'est moi seule qui l'ai voulu,
C'est moi seule qui en est l'auteur.

Le galant d'une humeur très-froide,
Lui dit : — Donnez-moi votre doigt ;

Mon anneau d'or je vous le donne
Comme marque de ma foi.
Je n'aimerai plus personne,
La belle, souvenez-vous de moi.

La belle ayant reçu l'anneau,
Son cher amant est tombé mort.
Quelle tristesse pour sa maîtresse !
Celle-ci déplorait son sort
Disant : — Si je suis détenue,
C'est moi seule qui l'ai voulu,
C'est moi seule qui en est l'auteur.

NOTE.

Cette chanson, dans son ensemble, rappelle une complainte bien connue, *Damon et Henriette,* et fait souvenir d'une légende que l'on rencontre sous divers noms en Alsace, en Lorraine, en Bretagne, sur les bords du Rhin, et dont Schiller a fait sa belle ballade du *Chevalier de Toggenbourg :*

> Ritter, treue Schwesterliebe
> Widmet euch dies Herz... .

Cf. avec une chanson de l'Agenois, recueil de Bladé, p. 34.

X

L'Enlèvement

(VERNÉVILLE)

Qui veut ouïr une chanson ?
C'est la vie d'un jeune garçon
Et d'une jeune demoiselle
Dont je ne dirai pas le nom,
Mais la chose est très-fidèle.
Sans demander son consentement,
On a mis la belle au couvent.
Le garçon n'ayant point de métier
S'habille en garçon jardinier,
A la porte du couvent s'adresse,
Car il a formé son dessein.
Il demande à la mère abbesse
Pour travailler dans le jardin.
— Entrez, entrez, dit-elle,
Entrez dans l'abbaye,
Vous cultiverez les plantes
Et les roses aussi.
L'abbesse dit à la jeune sœur :
— Allons voir ce beau travailleur
Qui travaille avec tant d'adresse.

— Belle, demandez-lui z'une fleur.
L'en présente une à sa maîtresse
Et l'a fait changer de couleur.
La belle se retira d'un pas
Et dit à son amant tout bas :
— Vous viendrez tantôt à la fenêtre
Qui donne sur notre jardin,
Je tiendrai les portes ouvertes
Et contenterai votre dessein.
Le jeune amant sans y manquer
A la fenêtre s'en est allé.
— Je suis venu, belle maîtresse,
Afin de vous mener dehors.
— Je te suivrai jusqu'à la mort.

NOTE.

Dans un romance portugais (*Romanceiro geral,* p. 48) Dom Duarte se déguise de même en jardinier pour venir voir sa maîtresse.

XI

Les deux Amants

(MALAVILLERS)

Jadis, auprès d'Arles,
Vivaient deux amants.
Ce qu'est bien rare en France,
Ils étaient constants.

Voilà qu'un père barbare
S't'aperçut de leur feu,
Mit sa fille en cage,
Les v'là séparés.

Auprès de la tourelle
Où qu' la belle gémit,
Coule une rivière,
Faut en tirer profit.

L'amant z'a la nage
Veut causer d'amour.
V'là l' torrent qu' l'entraîne,
C'est son dernier jour.

Ne pouvant plus vivre
Après ce malheur,
La belle éplorée
Dans l'eau s'est jetée.

Exemple bien rare,
En France à présent ;
J' connais bien des filles
Qui n'en f'raient pas tant.

NOTE.

Cette complainte rappelle la vieille ballade allemande : *les Deux Enfants de roi,* qui commence ainsi :

> Es waren zwei Edelkœnigs Kinder,
> Die hatten einander so lieb,
> Sie konnten beisammen nicht kommen,
> Das Wasser war viel zu tief.

Voici la traduction de cette ballade dont on a, en Allemagne, plusieurs variantes, qui est aussi répandue en Suède, en Danemark, en Hollande, et qui semble un lointain écho des amours de Héro et de Léandre :

« Il y avait deux enfants de roi, tous les deux s'aimaient, ils ne pouvaient être ensemble parce que l'eau était trop profonde.

« — Ah ! cher amant, sais-tu nager ? Alors nage vers moi, j'allumerai trois petites bougies, elles pourront t'éclairer.

« Il y avait là une méchante nonne, elle faisait comme si elle dormait, elle éteignit les trois bougies, le jeune homme tomba au fond de l'eau.

« — Ah ! mère, ma chère mère, comme j'ai mal à la tête ! Ne pourrais-je quelques instants me promener le long du lac ?

« — Ah ! fille, ma fille, tu ne peux sortir toute seule, réveille ta jeune sœur et prends-la avec toi.

« — Ah ! mère, ma chère mère, ma sœur est encore une enfant, elle cueille toutes les fleurs qui sont dans la verte forêt.

« Ah ! mère, ma chère mère, comme j'ai mal à la tête ! Ne pourrais-je quelques instants me promener le long du lac ?

« — Ah ! fille, ma chère fille, tu ne peux sortir toute seule, réveille ton jeune frère et prends-le avec toi.

« — Ah ! mère, ma chère mère, mon frère est encore un enfant, il court après tous les lièvres qui sont dans la verte forêt.

« La mère alla dormir, la fille sortit ; elle marcha longtemps avant de trouver un pêcheur.

« Elle vit un pêcheur qui pêchait.

« — Si tu veux en récompense de l'or brillant, pêche-moi un mort, c'est un fils de roi.

« Le pêcheur pêcha longtemps avant de trouver le mort ; il le saisit par les cheveux et le traîna à terre.

« Elle le prit dans ses bras et l'embrassa sur la bouche.

« — Adieu, mon père et ma mère, nous ne nous reverrons jamais plus ! »

M. Rathery a cité dans un de ses curieux articles sur la *Poésie populaire* (*Moniteur* du 26 août 1853) un chant franc-comtois, *le Val d'amour*, qui rappelle la situation tant de fois racontée.

Cf. avec un chant recueilli par Max-Buchon (page 87, n° 24).

XII

Le Capitaine et la Fille prisonnière

(RETONFÉY)

Brave capitaine
Revenait de la guerre,
Cherchant ses amours.
Il les a cherchés,
Il les a retrouvés
Dedans une tour.

— Brave capitaine,
Demandez à mon père
Quand j'en sortirai.
— Général de France,
Votre fille demande
Quand elle en sortira.

— Brave capitaine,
Ne prends pas tant de peine,
Ma fille n'est pas pour toi.
— Je l'aurai par force,
Je l'aurai par guerre
Ou par trahison.

Le père tout en colère
Va prendre sa fille,

La jeta à l'eau.
Mais l'amant plus sage
Se jette à la nage,
La retire de l'eau.

— Allons, partons, belle,
Partons pour la guerre,
Car il y fait beau.
La première ville,
Son amant l'habille
En beau satin bleu.

La seconde ville,
Son amant l'habille
Tout en diamants.
La troisième ville,
Son amant lui dit :
Belle, je t'épouserai.

La belle monte à sa chambre,
Prend ses beaux habits,
S'habille modestement.
Elle était si belle
Qu'elle passait pour reine
Dans le régiment.

NOTE.

M. Ernest Auricoste de Lazarque, à qui je dois cette chanson, remarque qu'elle est répandue dans différentes provinces. Gérard de Nerval la cite, et Champfleury la donne un peu modifiée.

Cf. avec une chanson des provinces de l'Ouest, t. II, p. 185; *Noëls et Chants pop. de la Franche-Comté*, n° 15; *Chants pop. des provinces de France*, p. 152.

XIII

La Maîtresse captive

(CONDÉ)

La fille du prince fut tant aimée ;
Son père voulant l'en empêcher,
Il la fit mettre dans la tour
Pour qu'elle oubliât ses amours.

Elle y resta sept ans passés,
Sans que personne pût la trouver.
Au bout de la septième année,
Son père vint la visiter.

—Bonjour, ma fille, comment vous va ?
— Eh bien ! papa, ça va bien mal,
J'ai les pieds brisés dans les fers
Et les côtés mangés des vers.

Cher papa, n'auriez-vous pas
Quatre ou cinq sous à me donner ;
C'est pour donner à mon geôlier
Pour qu'il desserre un peu mes pieds.

— Pour de l'argent, j'en ai beaucoup
Et des écus plus de cent mille ;
Et par millions je t'en donnerai
Si tes amours tu veux quitter.

— Non, jamais tant que je vivrai,
Mes amours je ne quitterai ;
J'aime mieux rester dans la tour,
Mon père, que de changer d'amour.

— Eh bien ! ma fille, tu mourras,
Point de soulagement n'auras.
Apportez un cierge allumé,
Voilà la belle trépassée !

Apportez un cierge allumé,
Voilà la belle trépassée !
Quatre-vingts prêtres, autant d'abbés,
Sont venus la belle enterrer.

Le fils du roi passant par là,
Crie tout haut : — Curés, arrêtez,
C'est ma mie que vous emportez,
Ah ! laissez-moi la regarder.

Il prit ses ciseaux d'or fin
Et décousit ses draps de lin ;
Mais pendant qu'il les décousait
Voilà que la belle le reconnaît.

Quatre ou cinq de ces jeunes abbés
Se mirent à dire tout haut en riant :
— Nous sommes venus pour l'enterrer
Et nous allons la marier !

NOTE.

Gérard de Nerval a cité, dans la *Bohême galante* et dans les *Filles de feu,* une chanson analogue à celle-ci, mais à laquelle il y avait, à ce qu'il paraît, un autre dénouement. La chanson que s'est rappelée cet aimable admirateur de la poésie populaire commence autrement que la nôtre :

> Le roi Loys est sur son pont,
> Tenant sa fille en son giron.
> Elle lui demande un cavalier,
> Qui n'a pas vaillant six deniers ....

« *Le roi Loys est sur son pont,* dit Gérard de Nerval, a été composé sur un des plus beaux airs qui existent; c'est comme un chant d'église croisé par un chant de guerre. On n'a pas conservé la seconde partie de la ballade, dont pourtant nous connaissons vaguement le sujet. Le beau Lautrec, l'amant de cette noble fille, revient de la Palestine au moment où on la portait en terre. Il rencontre l'escorte sur le chemin de Saint-Denis. Sa colère met en fuite prêtres et archers, et le cercueil reste en son pouvoir : « Donnez-moi, dit-il à sa suite, donnez-moi mon couteau d'or fin que je découse ce drap de lin. » Aussitôt délivrée de son linceul, la belle revient à la vie. Son amant l'enlève et l'emmène dans son château au fond des forêts. Vous croyez qu'ils vécurent heureux et que tout se termine là? Mais une fois plongé dans les douceurs de la vie conjugale, le beau Lautrec n'est plus qu'un mari vulgaire; il passe tout son temps à pêcher au bord de son lac, si bien qu'un jour sa fière épouse vient doucement derrière lui et le pousse résolument dans l'eau noire, en lui criant :

> Va-t'en, vilain pêche-poissons,
> Quand ils seront bons,
> Nous en mangerons. »
>
> (*Les Filles de feu,* p. 160.)

M. Auricoste, à qui je dois la chanson précédente, remarque avec raison « qu'elle a le caractère de certaines chansons allemandes, hormis le dernier couplet qu'un Allemand n'aurait jamais fait. »

M. Rathery a donné, dans le *Moniteur* (26 août 1853), des fragments d'une ballade populaire qui semble une variante de la nôtre. Il s'agit là de la belle Isambourg, fille d'un roi de France. Elle est emprisonnée parce que son père ne veut pas qu'elle épouse un chevalier. Celui-ci engage la belle à feindre d'être morte. Au moment où le convoi passe, arrive l'amant :

> De son couteau alors coupa
> Trois points du suaire et regarda,
> Un ris d'amour elle lui jeta.

On retrouve notre chanson plus ou moins modifiée dans les *Noëls et chants pop. de la Franche-Comté*, n° 16; dans les *Poésies pop. de l'Armagnac et de l'Agenais*, p. 23; dans les *Bulletins du comité de la langue*, t. I, p. 254. La pièce donnée dans ce recueil est beaucoup plus longue que la nôtre; elle se rattache à la ballade de *Renaud et de ses quatorze femmes*, et se rapproche de la version donnée par Gérard de Nerval.

Je ne rappellerai pas ici les innombrables histoires où une femme crue morte revient à la vie, et me bornerai à indiquer dans le livre de M. Liebrecht, *Zur Volkskunde*, le chapitre *Die Todten von Lustnau*.

XIV

Le Prisonnier de la ville de Nantes

(COUME)

Dans la ville de Nantes,
Tra, la, la, la, la, la[1].
Dans la ville de Nantes
Il y a un prisonnier.

Personne ne peut le voir
Que la fille du geôlier.

Elle lui apporte à boire,
A boire et à manger.

— Ah ! dis-moi donc, la belle,
Que penses-tu de moi ?

— Que veux-tu que j'y pense ?
Je pense qu'il faut mourir !

---

1. A chaque couplet, on répète le refrain : tra, la, la, la, la, la, puis le premier vers.

— Veux-tu donc que je meure ?
Déchaîne mes deux pieds.

La belle fut si bonne
Qu'elle lui déchaîn' ses pieds.

Le galant fut si leste,
Que dans la mer il plongea.

Quand il fut à la nage,
Il se mit à chanter :

Adieu, la ville de Nantes,
Pour toi point de regret.

Si jamais j'y retourne,
Belle, je t'épouserai.

XV

L'Évasion

(METZ)

Sur le pont de Nantes m'en allai promener,
J'ai rencontré ma mie, l'ai voulu caresser.
Les gens de la justice ils m'ont emprisonné.

Quand la belle a vu que son amant fut pris,
Elle s'habille en page, en page de ce pays,
Et vint à la prison sur son cheval gris.

— Madame la geôlière, ne m'ouvrirez-vous pas ?
Je m'en viens voir mon maître qu'on a enfermé là.
Madame la geôlière, ne m'ouvrirez-vous pas ?

— Entrez, beau page, entrez, mais ne soyez pas long,
Car l'habit que tu portes ne t' donne pas permission
De visiter ton maître qui est dans la prison.

Quand elle fut arrivée auprès de son amant :
— Déshabille-toi bien vite, prend mon habillement ;
Dessus mon cheval monte et chez mon père va-t'en.

En quittant la prison, avance prudemment,
La tête un peu baissée, au pas modestement,
En passant dans ces rues ne tarde pas longtemps.

Au bout de cinq quarts d'heure le procès fut jugé ;
Au bout de cinq quarts d'heure la belle est condamnée
A être étranglée, à Nantes, sur la place du marché.

Quand la belle fille montait deux ou trois escalons :
— Messieurs de la justice, auriez-vous la raison
De faire mourir une fille habillée en garçon ?

— Si vous étiez une fille, pourquoi changer d'habits ?
— Je suis une pauvre fille d'un étrange pays,
Pour mon honneur garder j'ai changé mes habits.

—Puisqu'il en est d' la sorte, on ne peut vous condam-
Si vous êtes une fille, on ne peut vous étrangler ; [ner,
Et nous vous permettons chez vous de retourner.

Dans la cour, une chanson la belle a commencé :
— Je me moque de ces juges, de ces bonnets carrés
Et de ces robes noires, j'ai mon amant sauvé !

NOTE.

Je tiens cette étrange ballade, et plusieurs autres chansons de ce recueil, d'une brave vigneronne âgée de 88 ans. Et ces chansons, elle les avait apprises de son père ; ce qui permet de leur attribuer une assez grande ancienneté. La pièce qu'on vient de lire, et qui a pu être rajeunie, dans certains endroits offre néanmoins des traces très-réelles de vétusté. Tel est le début même qui est placé dans la bouche de l'amant, tandis que le poète se met ensuite à raconter les aventures de celui-ci. C'est là une forme antique et très-populaire.

Notre chanson, à son début, rappelle un peu un chant piémontais publié par M. le Chevalier Nigra :

> Son tre gjovenin de scola
> C'ha Tolosa volo andé.
> Cuand son stajt sül pont d'Tolosa
> D'üna fia l'han riscontré ;
> Lhan pjà-la, l han ambrassà-la,
> Tüti tre s'al l han basé.
> Giüdise, savü sta nova
> Tüti tre fa bin resté ;
> Ant ël fond d'la tor d'Tolosa
> A l ha bin fa-je büté.
> (*Canti popolari del Piemonte*, fascicolo IV, p. 126.)

Le reste de ce chant piémontais, auquel M. Nigra a trouvé un curieux parallèle dans les romances catalans recueillis par M. Milà y Fontanals, diffère tout à fait de la fin de notre chanson ; mais elle a des rapports avec la chanson vénitienne suivante qui malheureusement est incomplète :

La Salvatrice

> Caro padre ! el mi favorissa
> D'una grazia, d'un placer...
> Io voglio andar a Mantova
> Ritrovar el mio prigioner.
>
> Che mi favorissa d'un cavalo
> Che sapia ben marciar,
> Per trovar il mio prigionero
> A Mantova voj andar.
>
> Co la bela fu a Mantoa
> Comincia a dir :
> — Apri le porte presto
> Che dentro voglio andar.
>
> E prende un vestito
> Ab uso de prigion,
> Andó al giudizio
> Per dir sua razon :

> — La mi dica, signori Giudise
> La mi dica la sua ragion,
> Di condanar una figlia
> Non saper con que ragion.
>
> — E dimi pure, mi figlia;
> La ragion che sei vestia cosi?
> — Per non essermi tradita
> Son vestita cosi.
>
> E co le sta la matina
> La bela fue esaminà.
> . . . .
> . . . .

(*Volkslieder aus Venetien*, p. 69, n° 89.)

Cf. *Chants populaires des provinces de l'Ouest*, t. II, p. 204; *Poésies populaires de l'Armagnac et de l'Agenais*, p. 37. La collection des *Poésies populaires de France* contient une version bretonne qui se rapproche beaucoup de la nôtre.

J'ai retrouvé une autre leçon de cette chanson dans un manuscrit rustique provenant du village de Luttange; je l'ai donnée dans le *Rivista di letteratura popolare*, fasc. II, p. 108. La marche en est la même, mais la rédaction en est fort différente. A peine rencontre-t-on quelques vers pareils. Elle se termine par ce détail :

> Au bout de cinq quarts d'heure,
> La loi fut publiée
> Que personne plus n'entre
> Qu'il ne soit visité.

XVI

L'Épreuve

(LONGWY)

— Ma mère, où est ma sœur?
— Mon fils, elle est aux champs,
Garder ses moutons blancs.

— Ma mère, n'avez-vous pas peur d'elle?
Les soldats y sont si fréquents
Qu'il y en a parmi les champs.

— Mon fils, quand il y en aurait mille,
Dix mille, aussi dix millions,
Jamais votre sœur n'y auront.

— Ma mère, voulez-vous parier
Cent pistoles, et qu'elle ne m'reconnaisse point,
Et je vous promets que je l'emmènerai bien.

A pris son cheval par la bride;
S'en va, riant, tout falottant,
Trouver la bergère aux champs :

— Que Dieu te garde, belle bergère !
Bergère, en gardant tes moutons,
Ensemble, si tu veux nous causerons !

Ma bergère, jolie bergère,
J'ai cent écus à vous donner,
La belle, s'il vous plaît de m'aimer !

— De vos cent écus je n'en ai que faire,
Je n'ai point de bourse pour les serrer ;
Là, vous pouvez vous retirer.

— J'ai une belle bourse, jolie bergère,
J'ai une belle bourse à vous donner,
La belle, s'il vous plaît de m'aimer.

La belle a planté sa houlette :
— Gardera mes moutons qui voudra,
Avec mon amant je m'en vas.

— Tenez, ma mère, voilà ma sœur,
Elle est à moi si je voulais,
Mais c'est ma sœur, je n'oserais.

La belle a pris si grande honte,
Dans la rivière elle va se jeter.
La pauvre fille elle s'a noyée.

XVII

Même sujet

(METZ)

— Bonjour, ma mère, où est ma sœur ?
— Elle est là-bas dans la prairie.
— Pourquoi laissez-vous aller
Ma sœur dans la prairie ?
Pourquoi seulette à l'abandon,
Ma sœur aura mauvais renom ?

— Il n'y en a pas de plus gentilles.
— Voulez-vous faire la gageure,
Elle ne peut me reconnaître,
Que je la débaucherai bien ?
Franc chevalier s'en est allé
Trouver sa sœur à la prairie.

— Bonjour, mon aimable bergère !
Combien avez-vous de moutons ?
A nous deux nous les garderons.
Quand la belle entendit cela :
— Je les garderai bien sans vous ;
Retirez-vous de ce bocage,
Voici la pluie, voici l'orage,
Voilà le temps qui va changer.

Belle, si tu voulais m'aimer,
La bourse que j'ai à ma ceinture,
L'anneau d'or que j'ai au doigt,
Si tu m'aimais, seraient pour toi.

Quand la belle entendit parler
De l'anneau d'or, de la boursette,
Elle a planté là sa houlette.
— Garde les moutons qui voudra
Avec mon amant je m'en vas !
— Ah ! tu n'es qu'une malheureuse,
Retourne vite à tes moutons,
Moi, je suis ton frère Simon.

— Simon, puisque vous êtes mon frère,
Pourquoi m'avoir tant tourmentée ?
Ne le dites pas à ma mère
Ni à aucun de mes parents,
Ils seraient tous trop mal contents.
Franc chevalier s'en est allé
Trouver sa mère dans la boutique.
— Ma sœur est trop à l'abandon,
Ma sœur aura mauvais renom.

NOTE.

Je dois à M. de Bouteiller de connaître encore une autre leçon de cette chanson, il l'a recueillie à Plappeville ; les premiers couplets diffèrent peu de ceux que j'ai donnés en dernier lieu ; la fin présente quelques variantes, après ce vers :

Avec mon amant je m'en vas...

La chanson continue ainsi :

> Quand elle fut au milieu du bois,
> Elle s'assit sous la verdure.
> — Retire-toi donc, malheureuse ;
> Retire-toi de ces vallons,
> Car je suis ton frère Simon.
>
> Le grand chevalier s'en est allé
> Trouver sa mère dans la cuisine :
> — Tenez, ma mère, voilà votre fille ;
> Elle est à moi si je voulais,
> Vous voyez s'il faut la garder.

Il y a dans la poésie populaire de tous les pays un nombre prodigieux de reconnaissances de frères et de sœurs. Les pièces qui se rapprochent le plus de notre chant sont : *l'Onestà alla prova* (*Canti Veneziani*, livraison XI) ; *la Xacara de Rosa Pastorinha* (*Cantos do Archipelago açoriano*, Rom. 77), et une ballade suédoise traduite par M. Marmier (*Chants pop. du Nord*, p. 175). Viennent ensuite beaucoup de chants populaires où la reconnaissance est due au hasard : *Don Bueso* (*Jahrbuch*, t. III, p. 282) ; *A infeitiçada* (*Romanceiro*, d'Al. Garrett, t. II, p. 30) ; *la Cativa* (*Cansons de la Terra*, t. V, p. 95) ; *Das Wiedergefundene Kœnigskind* (*Volkslieder*, p. 180) ; *l'Enlèvement* (*Chants pop. de la France*, t. II, p. 113) ; *le Frère et la Sœur* (*Gwerziou breiz-izel*, t. 1, p. 197) ; *le Rapt* (*Chants historiques de l'Ukraine*, p. 86, 87). Dans les chants italiens : *la Prova d'un rapimento* (*Canti inediti*, p. 161), *Il finto fratello* (*Canti Monferrini*, n° 67) ; il s'agit d'un personnage qui veut se faire passer pour le frère de la jeune fille qu'il rencontre.

M. Bujeaud a donné une variante de notre chanson dans les *Chants pop. des provinces de l'Ouest* (t. II, p. 204).

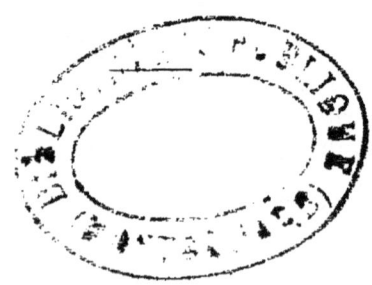

XVIII

Le Pont des Morts

(VERNÉVILLE)

Au pont des Morts nous irons voir danser.
Annette demande à sa mère d'y aller.
— Non, non, ma fille, vous n'irez pas danser.
Monte à sa chambre et se met à pleurer.
Son frère demande : Qu'as-tu donc à pleurer?
— Maman ne veut pas que j'aille danser.
— Mettez votre robe et votre ceinture dorée,
Sur le pont des Morts nous irons voir danser.
Elle mit sa robe et sa ceinture dorée.
Sur le pont des Morts ont allé voir danser.
Elle fait trois tours et la voilà tombée.
— Hélas ! mon frère, me laisserez-vous noyer?
— Non, non, ma sœur, je vais vous retirer.
Les cloches des morts se sont mises à sonner.
La mère demande qu'ont-elles donc à sonner?
C'est votre fils et votre fille noyés.

NOTE.

On doit répéter chaque vers de cette pièce, que l'on trouve dans les *Chants populaires des provinces de France*. Là, la pièce débute par ce vers :

Sur l' pont du Nord un bal y est donné.

Il se peut que *le pont des Morts* soit une variante messine. Il ne faudrait cependant pas s'étonner de voir ce pont désigné comme un lieu propre à des danses. Dans son intéressant travail, *les Principaux Ponts de Metz au moyen âge* (Mémoires de l'Académie, 1864), M. Raillard dit que le pont des Morts « était le pont principal du vieux Metz, celui dont le nom revient le plus souvent dans les chroniques de la cité, le lieu ordinaire des exécutions judiciaires et souvent le théâtre des fêtes de la république messine ». Il se peut que, dans une fête publique, des danses aient attiré sur le pont des Morts une jeune fille dont la fin tragique aura frappé les esprits. Cependant nos chroniqueurs, à ma connaissance du moins, ne parlent d'aucune catastrophe à laquelle notre chanson pourrait faire allusion, et nous avouerons que cette chanson se retrouve dans bien des provinces avec la différence déjà signalée au commencement de cette note, et quelques autres variantes.

XIX

L'Amant noyé

(VERNÉVILLE)

— Allons, Françoise, allons, allons nous promener.
Dans mon chemin rencontre une belle qui pleurait.
— Que pleurez-vous, la belle, qu'avez-vous à pleurer?
Je pleure mon anneau d'or, dans la mer est tombé.
Que me donnerez-vous, la belle, j'irai le rechercher?

— Allons, Françoise, allons, allons nous promener.
J'ai cent écus en bourse, ma fri[1], vous les aurez.
Du premier coup qu'il plonge, voilà l'amant noyé :
— Ne dites pas à ma mère que je me suis noyé,
Mais dites-lui plutôt que je me suis marié
Avec la plus belle fille qu'il y eût dans la cité.
Allons, Françoise, allons, allons nous promener.

NOTE.

Cette chanson se retrouve en diverses contrées; elle existe en Champagne, comme on pourra le voir plus loin au sujet de

---

1. Ma fri : ma foi.

la *Fille d'un prince,* dont la version champenoise rappelle le début. Comment l'amant noyé se met-il à parler? C'est là un de ces détails dont la poésie populaire ne prend pas la peine de s'occuper.

Le chant vénitien qui suit n'est pas sans quelque rapport avec notre *Amant noyé,* mais le dénouement n'y est pas tragique comme dans la chanson qu'on vient de lire.

L'Anelo

A quel chiaro su quel monte,
Dove che se leva el sol,
Che gera do fanciule
E tute do d'amor.

Una ga il nom Giulieta
E l'altra il nom d'un bel flor.
Giulieta la più bela
S'ha messo a navegar.

Navanda navigando
Sul porto la sé rivà.
Co la s'é giunta al porto
L'anelo lè cascà.

La tra un ochiato al cielo,
Nesssum la vede là.
La entra en alto mare,
La vede un pescator.

— O pescator che pesca
Pesca un poco più in quà.
Mi sè cascà l'anelo
Vene me lo trovar.

— Quando vel ho trovato
Cosa mi donari?
— Ve dono cento scudi
E la borsa ricamà.

Non voj ne cento scudi
Ne borsa ricamà,
Un basin sol d'amore
Il mio cuor inamorera.

— Cosa dira la gente
Quando ci si siamo basà?
— Se baserem di note
Nessum ci vedera.
La luna e le stele
Splendor i mi fara.

(*Volkslieder aus Venetien*, p. 53, n° 76.)

Cf. avec *Études sur la poésie pop. en Normandie*, p. 54 ; *Chants pop. des provinces de l'Ouest*, t. II, p. 160 ; *Canti Monferrini*, n° 49 ; *Chants pop. de l'Italie*, p. 232 ; *Chansons populaires grecques*, la Bague, p. 317 ; *Canti Marchigiani*, p. 263.

XX

Le Pommier

RONDE

(AUDUN-LE-ROMAN)

Par derrière chez mon père
L'y a un pommier doux;
Les pommes qu'il porte
N'y a rien de si doux.
Si je n'avais pas d'amant
M'en donneriez-vous?

Trois filles d'un prince
Sont endormies dessous.
La plus jeune s'éveille :
— Ma sœur, il fait jour.
Si je n'avais, etc.

— Ça, dit la seconde,
Ce n'est pas le jour.
— Ça, dit la troisième,
C'est mon amant doux.
Si je n'avais, etc.

Il est en bataille,
Que Dieu lui donne secours !
S'il gagne bataille,
Il gagnera tout.
Si je n'avais, etc.

Qu'il gagne ou qu'il perde
Il gagnera toujours.
Il gagnera mon cœur,
Mes amours étou.
Si je n'avais pas d'amant,
M'en donneriez-vous ?

NOTE.

Cette chanson est connue en Franche-Comté et en Champagne. La version franc-comtoise a été publiée par M. Leroux de Lincy dans l'introduction à la deuxième série des *Chants historiques français* (p. VIII). Elle lui a été communiquée par M. Brizeux, le charmant poète de *Marie*. La rédaction franc-comtoise offre plusieurs variantes ; je vais rappeler les plus notables :

    Il va à la guerre,
    Vole, mon cœur, vole,
    Il va à la guerre
    Combattre pour nous ;
        Tout doux
        Et iou !
    Combattre pour nous.

    S'il gagne bataille,
    Vole, mon cœur, vole,
    S'il gagne bataille,
    Il aura mes amours,
        Tout doux
        Et iou !
    Il aura mes amours.

Qu'il perde ou qu'il gagne,
Vole, mon cœur, vole,
Qu'il perde ou qu'il gagne,
Il les aura toujours.
   Tout doux
    Et iou !
Il les aura toujours.

Une chanson analogue a trouvé place dans les *Chants pop. des provinces de France,* p. 85, et dans les *Chants populaires du Canada,* p. 9. — V. aussi un article de M. Rathery dans le *Français,* numéro du 9 novembre 1874.

XXI

L'Infanticide

(VERNÉVILLE)

Je n'avais que quinze ans, que je me sentis grosse
D'un beau petit garçon, le voulant dire je n'ose.
Quand l'enfant est venu, je le prends, je l'emporte,
Et je vais le jeter dedans la rivière forte ;
Personne ne m'a vu qu'une de nos voisines.
Elle va à la justice pour raconter mon crime :
— Messieurs de la justice, vous ne savez donc pas
Ce qui se passe en ville, et ce qu'on fait là-bas ?
Et la justice arrive. — Comment vous portez-vous ?
— Messieurs de la justice, je n'ai affaire à vous !
— Mademoiselle, à vous taire vous ne gagnerez pas,
Il faudra bien venir à pied ou à cheval.
Sa mère, courant après, criait comme une folle,
Sa chevelure tombait autour de ses épaules :
— Messieurs de la justice, rendez-moi mon enfant
Je m'en vais vous compter à l'heure cinq cents francs.
— Ni pour cent, ni pour mille, tu n'auras pas ta fille,
La potence sera dressée, le bois tout à l'entour,
Elle sera brûlée demain au point du jour.

— Fillettes de quinze ans, sur moi prenez exemple,
Ne montez pas si haut, que vous ne puissiez descendre;
Ce sont ces danseries et ces bals de minuit
Qui seront la cause qu'il me faudra mourir.

NOTE.

Cf. avec *la Infanticida* (*Canti inediti*, n° 17); *la Infanticida* (*Rivista di litt. pop.*, p. 30); *Chansons de l'Armagnac*, p. 30; *Chants pop. messins*, n° III.

XXII

La Fille pendue

(VARIZE)

Ce sont les filles de Dijon,
Qui ont perdu leurs amourettes
C'est en cherchant la violette.

Par là il passe un chevalier :
— Où est-elle donc cette pastourelle ?
Partout on dit qu'elle est si belle.

— Vous la verrez passer demain,
Vous la verrez sur ces carrières
Prêtre devant, bourreau derrière !

Quand au matin on l'emmena :
— Ne passez pas parmi la ville
De peur que ma mère ne crie.

La belle monte sur l'échafaud,
Elle jette ses regards par terre
Et voit venir sa tendre mère.

— Ma mère, ne vous fait-il pas mal
D'avoir nourri fille si grande
Et de la voir aujourd'hui pendre ?

— Ma fille, j'ai encore de l'argent
Et des écus plus de cent mille,
Seront pour te sauver la vie.

— Ma mère, gardez votre argent,
Car toute fille qui fait folie,
C'est la raison qu'on la châtie.

— Les garçons se jouent de nos cœurs ;
Dès qu'ils ont l'honneur d'une fille,
Ils s'en vont le chanter en ville.

— Ma mère, j'ai encore une sœur,
Châtiez-la, je vous en prie,
Car les garçons en ont envie.

— Ma mère, coupez mes blonds cheveux
Et pendez-les devant l'église,
Ils serviront d'exemple aux filles.

Adieu, les filles de Dijon,
Adieu, les petites et grandes,
Et dessus moi prenez exemple.

NOTE.

Ces deux chansons paraissent anciennes, c'est ce que prouve non-seulement la manière dont elles sont composées, mais encore la mention de la potence. Schiller a écrit une célèbre poésie sur le même sujet ; elle a été traduite dans le recueil intitulé : *Ballades et Chants populaires de l'Allemagne*, p. 229.

Un chant populaire vénitien a quelques rapports avec les deux pièces que l'on vient de lire :

> I la ga ciapà
> La gan ligà si stret e dura
> E poi l'han menà
> In la prigion piu scura.
> . . . .
>
> — O mama mia! mandè del pan
> Del vin, de la vivanda,
> Che la melanconia.
> Mi vada do la banda.
>
> O mama mia! mandè d'arzan
> Mandè l'arzan e le due monete
> Mandè cinquanta scudi
> A liberar sto piede.
>
> — Cara figlia mia! non ghe arzan
> E neanche due monete
> Ma chi ha fat del male
> Sofra le pene.
>
> (*Volkslieder aus Venetien*, p. 67, n° 87.)

Ici la mère débite la moralité qui dans notre dernière chanson est mise dans la bouche de la fille. Voy. *Chants pop. de l'Ouest*, t. I, p. 355; *Chants pop. messins*, p. 53.

XXIII

La Damnée

(VERNÉVILLE)

C'est d'une fille et d'un garçon,
D'un garçon qui l'a bien aimée.
Mais bientôt sous le vert gazon,
La belle fille est enterrée.

Le garçon fit une prière
A la bonne vierge Marie,
Pour qu'elle lui fasse voir encore
La belle qu'il a tant chérie.

Il n'a pas fini sa prière
Et voilà la belle arrivée.
— Oh ! la belle, la belle, où avez-vous été
Que vos fraîches couleurs ont si fort changé ?

— Ce sont les diables et les enfers
Qui ont ainsi rongé mes membres,
Et cela pour un maudit péché
Que nous avons commis ensemble.

— Oh ! dites-moi, dites, ma mie,
Ne peut-on pas vous soulager,
Avec quelques messes à dire
Ou quelques vigiles à chanter ?

— Oh! non, mon bel ami, oh! non,
Oh! non, ne m'en faites point dire,
Tant plus prieras ton Dieu pour moi
Et tant plus souffrirai martyre.

— Oh! adieu donc, adieu ma mie,
Puisqu'il faut ainsi vous quitter.
A votre sœur Marguerite,
N'avez-vous rien à envoyer?

— Tu diras à ma sœur Marguerite
Qu'elle ne fasse pas comme moi.
Que jamais elle ne se promène
Sur le soir dans les grands bois.

NOTE.

Un poème sicilien que Salomone Salvatore Marino a publié avec beaucoup de soin, *la Baronessa di Carini*, offre une certaine analogie avec la *Damnée*. Le 4 décembre de l'année 1563, Pietro la Grua Talamanca, seigneur de Carini, tua sa fille Catarina, dont il venait de découvrir l'amour pour Vincenzo Vernagallo, gentilhomme des environs : tel est le sujet de ce poème. Vincenzo descend aux enfers pour y chercher sa maîtresse. Du passage où est racontée la manière dont il rencontre Catarina semblent être dérivés un grand nombre de chants italiens (*Canti delle provincie meridionali*, t. II, p. 262; *Chants pop. de l'Italie*, p. 151; *Canti pop. Sic.*, de Marino, p. 89; *Canti inediti*, p. 19; *Rivista di litt. pop.*, t. I, p. 23; *Canti pop. Toscani*, p. 60-61, etc.). Voici le passage du poème sicilien qui présente une ressemblance, fortuite sans doute, avec notre chanson :

  Ma' ntunnu' ntunnu lu focu è addumatu,
  E'n menzu la mè amanti chi pinia;
  E nun cci abbasta ca mina lu ciatu
  E di cuntinu mazzamariddia ;

> Idda mi dissi : — Cori sciliratu,
> Chisti su, peni chi patu pri tia :
> Tannu la porta ti avissi firmatu
> Quannu ti dissi : Trasi, armuzza mia !

(Page 137.)

Le *Gwerziou breiz-izel* offre deux pièces qui ont une grande analogie avec celle qui fait le sujet de cette note. Dans la chanson *De celui qui alla voir sa maîtresse en enfer*, un démon offre à l'amant de lui faire revoir celle qu'il a aimée ; il trouve sa maîtresse au milieu des tourments et s'adresse ainsi à elle : — « Dites-moi, mon amie, n'y aurait-il pas moyen de vous racheter des supplices de l'enfer par des jeûnes, des oraisons, de bonnes prières, l'aumône aux pauvres et la sainte messe? » — « Les jeûnes, les oraisons, les bonnes prières ne font qu'accroître les peines d'une âme damnée. » — « Adieu donc, mon amie, puisqu'il faut partir ; je donnerai de vos nouvelles à votre sœur. » — « Oh oui, oui, mon serviteur, n'y manquez pas ; donnez-lui de mes nouvelles et lui dites de ma part de n'être pas trop familière avec les galants, de crainte, hélas! d'être aussi damnée. » (T. I, p. 47.)

La ressemblance est frappante entre ce dénouement et celui de notre chanson, et dans l'une comme dans l'autre pièce est exprimée cette idée bizarre que les bonnes œuvres, les prières, ne font qu'augmenter les peines des damnés.

On rencontre des parallèles à notre chanson dans divers recueils français : *Études sur la poésie pop. en Normandie*, p. 54; *Bulletin du Comité de la langue*, t. I, p. 252; *Chants du Velay*. *Romania*, n°s 15 et 16. La collection manuscrite des *Poésies pop. de France* contient de notre chanson une rédaction bretonne en français, t. V, p. 207.

XXIV

Les Deux Marins

(MALAVILLERS)

Chantons, pour passer le temps,
D'un ton complaisant,
Une jeune fille ;
Sur le bord de l'Orient,
La belle, elle s'en va
Pour suivre son amant.

Voyant son amant parti
Elle changea d'habit,
Quitta celui de fille,
S'habilla en matelot.
S'en fut se présenter
Au bord du vaisseau.

Le capitaine du vaisseau,
Voyant la beauté
De ce beau jeune homme,
Lui dit : Beau matelot,
Tu seras placé
Dedans mon vaisseau.

Son amant qui la voit
Plus de mille fois,
Lui dit : Jeune cadet,
Vous ressemblez bien
A ma charmante beauté.

— Monsieur, quand vous me parlez,
Vous me surprenez,
Vous me faites rire.
Je n'ai ni père, ni parents,
Je suis éloignée du bord de l'Orient.

Il a resté deux ans
Sur ce bâtiment,
Sans la reconnaître
Qu'au débarquement.

— Puisque l'amour nous rassemble,
Il nous faut marier ensemble.
L'argent que nous avons gagné
Nous servira, belle,
Pour nous marier.

XXV

La brave Claudine

(RÉMILLY)

La petite Claudine s'habille en garçon,
    Remplan,
  S'habille en garçon.

C'est pour aller en ville, pour s'engager dragon,
    Remplan,
  Pour s'engager dragon.

Le capitaine la regarde : — Tu es joli garçon,
    Remplan,
  Tu es joli garçon.

Même tu n'as point de barbe, point de barbe au men-
    Remplan,   [ton,
  Point de barbe au menton.

— Ah! si je n'ai point de barbe, point de barbe au
    Remplan,   [menton,
  Point de barbe au menton.

Ah! si je n'ai point de barbe, j'ai un cœur de lion,
    Remplan,
  J'ai un cœur de lion.

Le capitaine l'engage, l'engage dans les dragons,
    Remplan,
        L'engage dans les dragons.

La petite Claudine retrouva son mignon,
    Remplan,
        Retrouva son mignon.

Son mignon qui la laisse dans un triste abandon,
    Remplan,
        Dans un triste abandon.

Elle lui chercha querelle et tua son mignon,
    Remplan,
        Et tua son mignon.

On la prend, on l'emmène jusques à la prison,
    Remplan,
        Jusques à la prison.

Elle se déclare fille pour avoir son pardon,
    Remplan,
        Pour avoir son pardon.

XXVI

La Fille soldat

(GUÉNANGE)

Qui veut entendre le courage
D'une jeune fille de quinze ans ?
Elle voit son amant volage,
D'homme prend un habillement,
S'en va trouver le capitaine et lui dit :
Monsieur, je viens prendre parti.

Le capitaine la regarde,
Voit son air et sa belle façon.
— Quoique tu sois un bel homme
Tu n'as point de barbe au menton.
— N'importe, dit-elle, monsieur,
Je suis vaillant et amoureux.

Le capitaine sur sa parole,
Cinquante pistoles lui donna :
— Tiens, lui dit-il, voilà cinquante pistoles
Puisque tu veux prendre parti ;
Prends vite cet appointement
Et va rejoindre ton régiment.

Quand elle fut à la Rochelle,
Au milieu de la garnison,
On lui présenta un beau cheval
Éperons et habits de dragon.
La belle tout en se promenant
Fit la rencontre de son amant :

— Ah ! te voilà, amant volage,
De toi je vais avoir raison !
Puisque tu as mon cœur en gage ;
Il faut mettre l'épée en main.
La sienne lui mit dans le flanc
Et lui fit verser tout son sang.

— Que l'on arrête ce dragon
Au milieu de la garnison.
— Monsieur, je ne suis point garçon,
Je suis la fille d'un baron ;
Mon amant m'avait délaissée
Et j'ai sa poitrine percé.

NOTE.

Les dragons — on aura occasion de le remarquer — jouent un assez grand rôle dans la poésie populaire ; il ne faudrait pas que la mention qui en est faite semblât la preuve d'une date moderne. La création des dragons remonte assez loin. Suivant le P. Daniel, ils furent institués par le maréchal de Brissac pendant les guerres du Piémont, sous Henri III. Les dragons étaient des arquebusiers à cheval. Éclairer les marches, couvrir les retraites, harceler l'ennemi, occuper un poste que l'infanterie eût été trop lente à gagner : tel fut leur emploi. Ils combattaient tantôt à pied, tantôt à cheval. « Les dragons, dit M. Pascal, à qui j'ai déjà emprunté les renseignements qui précédent, furent supprimés après le siége de la Rochelle; on les remit sur pied en 1635. En 1669, il y avait en France 14 régiments de dragons. Il y en avait 43 en 1690. A cette époque, les dragons étaient armés de sabres et de fusils à baïonnette; ils avaient les guêtres, les éperons, le chapeau et le bonnet; une hache et une pelle pendaient à l'arçon de la selle, ce qui indiquait l'emploi particulier des travaux de tranchées. Un des plus beaux corps de l'armée et des plus nombreux était le régiment des dragons de Richelieu. »

(*Histoire de l'Armée*, par M. Pascal. — Paris, Barbier, 1848, t. 1, p. 427, 428.)

On a bien voulu me communiquer un chant de la Franche-Comté sur le même sujet que les deux chansons précédentes :

Derrière cheux nous
Y est un capitaine,
Qui tous les jours
M'entretient de ses amours,
Me dit un jour :
Grand Dieu, que vous êtes belle !
Ah ! je voudrais avoir de vos amours !

Mais quand il eut
Les amours de la belle,
L'ingrat s'en fut
Joindre son régiment.
— Adieu l'ingrat,
Puisque tu m'abandonnes,
J'irai vraiment
Te joindre au régiment.

Elle demanda
Cent écus à son père,
Fut à Paris,
S'acheta des habits.
Elle s'habilla
En dragon militaire,
Rien d'aussi beau
Qu' sa cocarde au chapeau.

Elle a suivi
Pendant sept ans la troupe,

> Sept ans la troupe
> Sans joindre son amant ;
> Elle l'aperçoit ;
> Mettant le pied à terre,
> Lui dit soudain :
> — Mettons le sabre en main.
>
> Ah ! oui, ah ! oui,
> Ils ont bien pris les armes,
> Ah ! oui, ah ! oui,
> Ils ont bien combattu.
> Mais la fillette
> Qu'était encor jeunette,
> Mais la fillette
> Mit son amant à mort.
>
> Trois généraux
> En voyant sa vaillance,
> Voulurent bientôt
> La faire mettre au cachot ;
> Le roi si bon
> Y accorda son pardon.

Un très-grand nombre de chants populaires nous racontent les aventures d'une fille-soldat, mais souvent ils se rattachent moins à notre chanson qu'à la donnée d'une des plus jolies romances portugaises : *la Fille qui va à la guerre* (*Romanceiro geral*, p. 4, 11, 15), donnée qu'on retrouve exactement en Italie (*Canzoni pop. del Piemonte*, fasc. III, p. 92), et que j'ai rencontrée aussi dans la vallée d'Ossau (*Romania*, t. III, p. 96). Liebrecht s'est occupé du cycle de la fille guerrière (*Heidelb. Jahrbuch*, — année 1870, p. 874).

On lit dans les *Chansons d'autrefois*, p. 66, sous ce titre : *Histoire de Manon de Nivelle*, une vieille chanson qui a des rapports avec nos couplets. Manon, abandonnée par son amant, s'engage dans un régiment et arrive dans la ville où se trouve son perfide ; elle le suit jusque chez une belle qu'il prétend bientôt épouser. Une querelle s'engage, et c'est lorsque Manon met habit bas pour se battre qu'elle est reconnue par l'infidèle.

> Son épée tombe par terre,
> Il se jette à deux genoux,
> Et versant des pleurs amères,
> Pour apaiser son courroux.

En la serrant tendrement
La prie de lui faire grâce
Au nom de son cher enfant.

Le major vint en personne
Pour savoir exactement
Si Manon était un homme,
Ce qu'il apprit sur-le-champ ;
Et connaissant leur négoce,
Leur fit publier des bans,
Puis leur fit faire des noces
Le plus magnifiquement.

Suivant l'éditeur des *Chansons d'autrefois,* un fait véritable « semblé avoir fourni le sujet de cette espèce de vieille complainte naïve qui date de près de deux cents ans ».

Dans le recueil que je dois à l'obligeance de M. Auricoste, une jeune fille s'habille en homme pour suivre à la guerre son amant qui est soldat.

XXVII

L'Assassin

(COUME)

— J'entends quelqu'un à ma porte,
Qui m'empêche de dormir.

— C'est votre amant, ô la belle,
Qui vous empêche de dormir.

La belle met sa robe blanche,
Et la porte s'en va l'ouvrir.

Il la prit par sa main blanche,
Le petit doigt il lui coupa.

— Tu as envie de me faire, faux traître,
Tu as envie de me faire mourir.

— Tu en verras bien de l'autre
Avant que je sorte d'ici.

Il tira son épée claire,
Et son cœur il lui perça.

Il la porta sous un arbre
Qui n'avait jamais fleuri.

Il prit le cœur de la belle,
Sur un plat d'argent l'a mis.

Il le porte à sa mère,
Entre Rouen et Paris.

— Oh ! tenez méchante mère,
Voilà le cœur d'Amélie !

— Tu en as menti, faux traître,
C'est le cœur d'une brebis.

— O mère, donnez-moi de l'argent
Que je sorte du pays.

— D'argent, il ne t'en faut guère
Car tu seras bientôt pris.

Quand elle eut dit ces paroles,
Voici la gendarmerie.

Ils se dirent, les uns aux autres :
— Comment le ferons-nous mourir ?

— Faites-moi bouillir dans l'huile,
Car je l'ai bien mérité.

J'ai tué ma pastourelle !
La plus belle fille du pays.

NOTE.

C'est à M. Auricoste de Lazarque, dont les précieuses communications ont tant augmenté ce recueil, que je dois encore cette chanson. Au neuvième vers, dans le texte qu'il a bien voulu me remettre, on lit : Fordresse, et à ce sujet M. Auricoste dit : « Le nom de Fordresse est-il un nom propre ? Cette chanson m'a été chantée par des jeunes filles allemandes qui pouvaient mal interpréter quelques mots. Aussi j'ai supposé que Fordresse est peut-être une altération de *Faux traître*, que l'on voit revenir assez souvent dans les contes et chants populaires. » J'ai adopté cette opinion qui me paraît fort plausible. M. Auricoste ajoute encore, avec beaucoup de raison, que cette chanson « rappelle quelques chansons allemandes ». A la fin de son recueil je trouve, en effet, un chant allemand recueilli également à Coume et qui a quelque analogie avec la chanson précédente, mais les idées y sont encore beaucoup moins liées.

Je citerai seulement cette stance :

> Was trægt er an seiner Seite ?
> Ein Messer, war scharf und spitz ;
> Er stechet dem Liebchen ins Herze,
> Das rothe Blut gegen ihn spritzt...

« Que porte-t-il à son côté ? — un couteau bien tranchant, pointu ; — il l'enfonce dans le cœur de son amie, — le sang rouge rejaillit sur lui. »

Notre chanson est obscure. On pourrait penser qu'au début il s'agit d'un mari pris pour un amant. C'est la situation du beau romance portugais de Bernal Francez qui commence comme nos couplets :

> — Oh ! quem bate á minha porta
> Quem bate, oh quem esta ahi ?
> — São cravos minha senhora,
> Flores lhe trago aqui.

. . . .
— Ah se é Bernal Francez
A porta lhe vou abrir... etc.

Mais ce n'est pas Bernal Francez qui entre, c'est un mari irrité qui bientôt se fait reconnaître et tue sa femme coupable.

G. Pitrè trouve une parenté entre notre chanson et un chant sicilien, *Minni-spartuti* (*Canti pop. Siciliani*, t. II, p. 117).

Cf. avec la *Fille de Saint-Martin de l'Ile* (*Ch. pop. des provinces de l'Ouest,* t. II, p. 117 et suiv.) et voyez Liebrecht, *Gött. gel. Anz.*, année 1866, p. 2022.

J'ai avancé dans la préface de ce volume que souvent le rhythme de nos chants populaires offre une singulière analogie avec celui des romances espagnols. Je trouve une preuve très-frappante de cette ressemblance dans le chant précédent. Tous les vers impairs y sont des vers blancs, et tous les vers pairs se terminent, sauf deux exceptions (*coupa, perça*), par une assonance en *i* qui règne d'un bout à l'autre de la pièce. C'est le système rhythmique des romances.

XXVIII

Les Demoiselles du château de Bonfort

(LONGWY)

Au château de Bonfort
Il y a trois demoiselles,
Elles sont belles,
Belles comme le jour.
Trois jolis capitaines
Leur vont faire la cour.

Le plus jeune des trois,
Celui qui la courtise,
La prend, l'a mise
Sur son cheval grison,
Pour la conduire
Droit à sa garnison.

Première hôtellerie
Que la belle s'y loge
L'hôtesse lui demande :
— Dites-moi sans mentir,
Êtes-vous ici par force
Ou pour votre plaisir ?

La fille lui répond
Comme une fille sage :
— J'y suis par force
Et non point par plaisir.
Au château de Bonfort
Les gens du roi m'ont pris.

Quand l'venue pour souper,
Ne veut ni boire ni manger :
— Soupez donc, la belle,
Soupez avec plaisir,
Avec trois capitaines
Vous passerez la nuit.

— Avec trois capitaines
Vous passerez la nuit.
— Oh ! non, dit-elle,
J'aimerais mieux mourir,
Qu'avec trois capitaines
D'y passer cette nuit.

Elle n'eut pas dit cette parole
La belle est tombée morte :
— Sonnez trompette,
Sonnez bien tristement ;
Voilà la belle qui est morte,
J'en ai le cœur dolent.

— Il nous faut l'enterrer
Au jardin de son père,
Dessus sa tombe

Faudra mettre en écrit :
Voilà la belle morte,
Morte dans une nuit.

Deux ou trois jours après,
Son père se promène.
— Levez la tombe, mon père,
Levez-la, s'il vous plaît,
J'ai fait trois jours la morte
Pour mon honneur garder.

XXIX

Autre leçon

(MONTOY)

Dessous ce blanc rosier il y a une princesse
Blanche comme la neige, belle comme le jour,
Trois jolis capitaines s'en vont lui faire l'amour.

Le plus jeune des trois la prit par sa main blanche :
— Montez, montez, la belle, sur mon cheval gris
Et je vous mènerai dans un fort beau logis.

Et puis arrivé, on lui présente la table :
— Buvez, mangez, la belle, suivant votre appétit,
Avec trois capitaines, vous passerez la nuit.

Au milieu du repas la belle a tombé morte.
Sonnez, sonnez trompettes, tambours du régiment,
Voilà la belle qu'est morte, j'en ai le cœur dolent.

Où faudra l'enterrer cette aimable princesse ?
Dans le jardin de son père il y a trois fleurs de lis,
Nous prierons Dieu pour elle, qu'elle aille en paradis.

Deux ou trois jours après, son père qui s'y promène.
— Levez, levez, mon père, ma tombe si vous m'aimez,
J'ai fait trois jours la morte pour mon honneur garder.

Cinq, six jours par après, les trois capitaines passent.
— Va, va, petite coquine, nous te rattraperons.
Nous te ferons faire la morte là-haut sur le gazon.

NOTE.

Cette chanson, avec de nombreuses variantes, est populaire par toute la France. Gérard de Nerval l'a publiée dans la *Bohême galante*, p. 71, et une seconde fois dans les *Filles du feu*, p. 49. Sous le titre de la *Jolie fille de la Garde*, et compliquée de nouveaux incidents, elle a trouvé place dans le recueil de M. Champfleury, p. 95. M. Damase-Arbaud l'a donnée en provençal dans ses *Chants populaires de la Provence*, t. I, p. 143. Mais là il s'agit de la fille d'un jardinier. Nous retrouvons notre chanson dans le Forez (*Romania*, t. IV, p. 114), dans le pays basque (*Biarritz*, t. II, p. 174). Enfin nous lisons dans le recueil de Marcoaldi un chant en dialecte italien sur le même épisode :

La fuga e il pentimento

La fia del villan
I disu ch' l'e tant bëla,
Bianca e rossa cum 'na fiù :
U j'e trëi capitanni
Chi van a fëj l'amu

Al pü bel di lor trëi
U l'ha ben guadragnaja ;
U l'ha buttaja' n groppa
Du so ben cavà gris ;
U l'ha menaja an Fransa
Luntan dan sa pais.

An Fransa ch'i son stà
— Bondi, madama l'osta :
Da beivi e da mangië
A sta galanta fia
Ch'a se lassa robe.

La dis Madama l'osta :
— Mangië, mangië, la bëla
Mangië e poi bevi ;
Con u sior capitanni
I'ëi temp d'andë dromi.

— Prima col capitan-ni
Che mi vada a dromi,
Veura la mort, madama,
La mort a piëmi mi !
Autant stëm' a senti.

S'a 'm laissa robë
A voi ch' i 'l sappi ancora
N' è nent p'i mi piasi ;
I son avni a ca' mia
I'm son avni a tradi.

Disenda ste parole,
La bela casca' n tëra,
La casca dal dolor :
La fa trei di la morta,
E la salva l'onor.

A l'è la mesanotte,
La fia l'è scappà ;
A casa di so' padre
L'è vnia a tambüsà

So padre si disviglia.
— Chi ël che picca li ?
— A son la vostra fia
Ch 'a j'ho l'onor con mi.

Pardon, i m'han tradia
Au Fransa i m' han menà :
J'ho fatt trei di la morta
L'onor a l'ho salva.

(*Canti popolari*, raccolti da Marcoaldi, p. 162.)

Dans le département de la Moselle, nous avons trouvé une grande quantité de leçons de cette chanson si répandue. La première leçon que nous avons donnée nous est venue de Longwy, mais, nous l'avouons, nous l'avons complétée par d'autres variantes. La seconde chanson, qui a été recueillie à Montoy par M. Jules Séchehaye, se rapproche de celle qu'a conservée Gérard de Nerval.

XXX

La Fille du Pâtissier

(MALAVILLERS)

C'est un fort beau métier
Que d'être boulanger.
Tandis que le four chauffe,
On va se promener,
Compagnons boulangers !

En mon chemin rencontre
La fille d'un pâtissier,
La pris par sa main blanche
Dans la chambre l'ai menée,
Compagnons boulangers !

Quand elle fut dans la chambre,
Elle se mit à pleurer :
— Qu'avez-vous donc, la belle,
Qu'avez-vous à pleurer !
Compagnons boulangers !

— Je pleure mon innocence
Que vous voulez m'ôter.
— Délacez votre corset,
Il faut vous déshabiller,
Compagnons boulangers !

— Prêtez-moi votre épée
Pour mon lacet couper.
Quand la belle eut l'épée
Son sein elle a percé.
Compagnons boulangers !

Voilà la belle qu'est morte
Qui a le sein percé.
J'ai du vin dans ma cave,
Pour boire à sa santé ;
De l'argent dans ma bourse
Pour la faire enterrer.

NOTE.

J'ai écrit dans le *Correspondant,* à propos de la poésie populaire en Italie, quelques lignes que je reproduirai ici, parce qu'elles contiennent l'indication de plusieurs rapprochements à faire avec notre chanson :

« La chaste Monferrine demande à son ravisseur sa dague pour couper un nœud du lacet de son corset et s'en sert comme une nouvelle Lucrèce. Ainsi agissent la fille du pâtissier, dans les *Chants du pays messin ;* la fille des Sables, dans les *Chants des provinces de l'Ouest* (t. II, p. 177), la jeune fille enlevée par un corsaire, des *Canzoni del Piemonte* (p. 62); l'héroïne d'un chant normand recueilli par M. de Beaurepaire (*Études sur la poésie populaire en Normandie,* p. 58). Ainsi agit encore la filleule de Du Guesclin (*Barzas-breiz*, t. II, p. 323, 327). Dans un romance espagnol (*Primavera y Flor de romances*, t. II, p. 22), une hardie *donzella* prie Rico Franco l'Aragonais de lui prêter son poignard pour couper de son manteau des ornements qui, dans sa triste position, ne lui semblent plus à porter, mais au lieu de tourner la dague contre elle-même, elle la plante dans la poitrine de son persécuteur. »

On peut lire un exploit de ce genre dans les *Filles du feu*, de Gérard de Nerval, dans les *Chants des provinces de l'Ouest* t. II, p. 232); dans le recueil de MM. Champfleury et Weckerlin (p. 192); dans les *Chants historiques de la Flandre*, de M. de Bœker (p. 62), et dans quantité d'autres collections.

Gérard de Nerval raconte dans la *Bohême galante* que la fille d'un pâtissier, ayant porté des gâteaux chez son seigneur, fut forcée de passer la nuit dans le château de celui-ci. Elle lui demanda son poignard pour couper le nœud d'un lacet et s'en perça le cœur. Ne serait-il pas possible que la chanson précédente eût été inspirée par ce fait dont il me semble retrouver un souvenir dans ces deux vers :

> En mon chemin rencontre
> La fille d'un pâtissier...

Le premier, le dernier couplet et le refrain me paraissent des adjonctions maladroites. Si ma supposition était vraie au sujet de l'origine de la chanson qui nous occupe, cette chanson nous serait venue de l'Ile-de-France, puisque c'est à cette province qu'appartient la tradition conservée par Gérard de Nerval.

XXXI

Renauld et ses quatorze femmes

(CHARLEVILLE, CANTON DE VIGY)

Renauld avec son grand rabat,
Veut aller voir la fille du roi,
Il l'emmena à sept lieues de loin,
Sans que personne en sache rien.

Quand ils ont venu au milieu du chemin :
— Renauld, Renauld, je meurs de faim.
— Belle, mangez-y votre main,
Car jamais vous ne mangerez de pain.

Quand ils ont venu au milieu du bois :
— Renauld, Renauld, je meurs de soif,
— Belle, buvez-y votre clair sang,
Car jamais vous ne boirez vin blanc.

Quand ils ont venu au bord du bois :
— Vois-tu la rivière là-bas,
Il y a quatorze dames qui sont noyées,
La quinzième vous la serez.

Quand ils ont venu au bord de l'eau :
— La belle, défaites votre manteau,
Votre chemise de vrai lin
Qui paraît comme un vrai satin.

— Ce n'est pas affaire aux cavaliers
D'y voir les dames déshabillées,
Mais c'est affaire aux cavaliers,
De prendre un mouchoir, les yeux se bandeler.

Quand Renauld entendit cela,
Prit son mouchoir, les yeux se bandela,
La belle le prit par le côté,
Dans la rivière elle l'a jeté.

Renauld, Renauld s'est échappé
Après une branche d'olivier,
La belle a tiré son épée
La branche d'olivier a coupée.

— Belle, que diront tous vos parents
De vous en retourner sans votre amant ?
— Je leur dirai que j'ai fait de toi
Ce que tu as voulu faire de moi.

— Qui donc, la belle, bien loin d'ici
T'y remmèneras dans ton pays ?
— C'y sera mon cheval grison
Qui sait fort bien le postillon.

— Belle, donnez-moi votre main blanche,
Je vous épouserai dimanche.
— Épouse, Renauld, épouse poisson,
Les quatorze dames qui sont au fond.

NOTE.

Je dois des remerciements tout particuliers à M. Ernest Auricoste de Lazarque pour cette curieuse ballade. Il n'en connaissait que deux vers d'après lesquels je supposais que le sujet traité devait être le même que celui de la *Monfrejna,* chant piémontais publié par le chevalier Nigra. A ma prière, M. Auricoste s'est mis en chasse de la chanson entière et a fini par la découvrir. Il existe une variante pour les deux derniers vers, la voici :

Va-t'en, Renauld, va-t'en z'au fond,
Tes quatorze femmes y sont.

M. Ampère (*Instructions relatives aux poésies populaires de la France,* p. 40) a cité une chanson de *Dion et de la Fille du Roi* qui offre la même donnée.

On retrouve quelque chose de *Renauld et ses quatorze femmes* dans une chanson lyonnaise recueillie par M. Champfleury (*Chants pop. des provinces de France,* p. 192).

Le sujet de *Renauld* et de ses quatorze femmes a son parallèle dans la canzone piémontaise *la Monfrejna,* que voici :

La Monfrejna

El fijol dji sgnori conti
 Sa l'é chiel n'in va ciamé
Va ciamé d'üna Monfrejna,
 La fia d'un cavajé.
S'a l'é 'l saba la va 'npromët-la
 Di domëgna la va sposé.
L'ha mejna sincuanta mia

Sensa maj parlé-je 'nsem.
Prima vota ch'a j'ha parlà-je
S'a j'ha ben cosi parla :
— Guardé la bela Monfrejna
Cul castel tan ben mura.
Mi sincuanta e doe Monfrejne
Mi la drin j'ho gia mejna,
Le sincuanta e doe Monfrejne
Mi la testa e j'ho copa.
N'autertan faraj, Monfrejna ;
Cuand che voj n'a sari l'á.
— O scoté, lo signor conte,
Presté-me la vostra spa. —
— O disi, bela Monfrejna,
Cosa maj n'a voli fa ? —
— Voj tajé na frascolina
Per fe ombra al me caval.
Cuand la bela l'ha 'bjü la speja,
Ant ël cor ai l'ha piantà.
— Oh va là, lo signor conte
Oh va là 'nti cuj fossà !
L'ha vira al caval la brila,
Audare l'é ritornà.
El primier ch'a n'a riscontra,
So fradel n'ha riscontra.
— Oh ! di' 'n po, bela Monfrejna,
L'é d'assé che t'trove si.
— L'ho trova i sassin di strada,
L'han massá-me 'l me mari.
— Oh di' 'n po ! bela Monfrejna,
T' l'avrej nen massá-lo-ti ?
— Oh ! si si, me fradelino,
La vritá ch'a fa bel di ;
A son pa i sassin di strada,
L'han massá-me 'l me mari.
— Oh ! di 'n po' bela Monfrejna,
A ca toa venta torné.
— Oh ! no no, me fradelino,
A cá mia voj pa pi 'ndé.
Mi na voj andé a Roma
'ndé del papa a confessé.

(*Canti pop. del Piemonte*. Fasc. V, p. 152.)

M. Marcoaldi a donné, dans ses *Canti popolari* (p. 106), une leçon plus courte de cette canzone dont, de son côté, Wolf a recueilli la leçon suivante :

La Figlia del conte

La figlia del sior conte
La vuol prendere mari,
La vuol prendere Malpreso
Lo figlio di un cavalier.

E subito che l'ha sposata
In Francia l'ha menà,
E tosto giunto in Francia
Comincia a sospirar.

— Sospiro de la mia mama
Che non la ghe vedo più,
Sospiro de la mia mama
Che non la ghe vedo più.

— E mi de esto castelo
Se tu lo sai 'mirar.
Le trentasie figliete
Le go tutte amazzà.

— M'impresta la sua spada
Che porta in fianco lu.
— Tosto che t'avrò prestada
Cossa ti vuvi me far.

— M'impresta la sua spada
A dar a mio cavalo. —
Tosto che l'avra prestada
In cuor ela gliel'a ficà.

Cossi a mezza strada
Incontra al suo fratel :
— Che cáui di sti sassini
Han amazzato mio mari.

— Ma dimi proprio el vero
Ti sarai stata ti.
— Mi no, mi no, fratelo,
Non sono statu mi.

Per dirti proprio il vero
Son proprio stata mi.

(*Volkslieder aus Venetien*, p. 47, n° 73.)

Dans les *Chants populaires des Flamands de France*, Halevyn (p. 142) rappelle beaucoup *Renauld et ses quatorze femmes*. Mais ici les femmes ont été pendues à un gibet. La dernière préfère mourir par l'épée et persuade à Halevyn d'ôter sa tunique pour qu'elle ne soit pas tachée de sang. C'est quand celui-ci suit assez naïvement ce perfide conseil que sa femme lui tranche la tête. Ce chant est très-populaire dans la Flandre et le Brabant. Wittemer l'a inséré dans ses *Onde Vlaemsche liedern*, et M. Kervyn de Lettenhove s'en est occupé dans son *Histoire de Flandre*, p. 22. Un chant recueilli par Gérard de Nerval et que nous avons rappelé à propos de la *Maîtresse captive*, p. 48, a de la ressemblance avec *Renauld et ses quatorze femmes*. Nigra et Wolf ont, chacun de son côté, indiqué d'autres parallèles en grand nombre empruntés aux littératures du Nord; enfin plusieurs des chants que nous avons mentionnés dans la note précédente peuvent encore être comparés à la chanson dont nous nous occupons.

XXXII

La Fille du Prince

(MAIZEROY)

C'était la fille d'un prince,
Trop matin s'est levée,
Sur les bords de la France,
Sur les bords de l'eau,
Sur les bords du vaisseau.

Elle regarde par la fenêtre
Elle voit trente matelots [1].

Le plus jeune des trente
Commence une chanson.

— La chanson que vous dites,
Je voudrais la savoir.

— Mettez le pied dans la barque,
Et je vous l'apprendrai.

---

1. Le refrain : *Sur les bords de la France,* etc., revient après chaque deux vers.

Quand la belle fut dans la barque,
Elle se mit à pleurer.

— Que pleurez-vous, la belle,
Qu'avez-vous à pleurer ?

— Je pleure mon cœur en gage,
On dit que vous l'avez.

— Je ne l'ai point encore
Mais bientôt je l'aurai.

NOTE.

Cette chanson est très-répandue aux environs de Metz, mais il est probable qu'elle n'est pas née dans notre pays. Elle existe en Champagne avec cette fin :

> Que pleurez-vous, la belle,
> Qu'avez-vous à pleurer ?
>
> — Je pleure mon anneau d'or,
> Dans l'eau il est tombé.
>
> — Ne pleurez point la belle,
> Nous vous le plongerons.
>
> La première fois qu'il plonge,
> Il n'a rien amené.
>
> La seconde fois qu'il plonge,
> L'anneau z'a voltigé.
>
> La troisième fois qu'il plonge,
> Son amant s'est noyé.

En Champagne encore, on chante un autre épisode de même nature (V. le *Romancero* de M. Tarbé, t. II, p. 230). En Normandie on connaît deux chansons qui ressemblent aussi à la *Fille du Prince*. Dans l'une, l'héroïne se tue de désespoir après la mort de son amant qui, comme dans la chanson champenoise, a plongé pour retrouver l'anneau d'or. La seconde, que nous avons citée en partie à propos de la *Fille du Pâtissier*, rappelle la fin de ce chant. On reconnaîtra la donnée de la *Fille du Prince* dans le chant piémontais suivant :

Il marinaro

— Son levá-me na matin
Bin da bonora.
Son andajta ant el giardin
Coje d'rosëte.
Mi revolto anver al mar,
J'é tre barchëte;
Una l'era caria d'or,
E l'autra d'seda,
Una l'era d'rose e fjor,
L'e la pi bela.
— Oh veni, bela, sül mar
A compré d'seda.
— Mi sül mar n'a voj pa 'ndé
Ch'i hai nen d'moneda.
— Oh veni, bela, sül mar
Faruma credit. —
Cuand la bela l'é sül mar.
Largo la vela :
— Marinar, bel marinar,
Tiré me a riva !
— A riva pos pa tiré,
Che 'l mar sartira.
Marinar, bel marinar,
Tiré me a sponda !
— A sponda pos pa tiré
L'mar s'asprofonda.
— Marinar, bel marinar,
Tiré me a gjajra !
— A gjajra pos pa tiré,
Che 'l mar s'aslarga.
— Se me pare al lo savejs,
Faria la guera.

— Se vos pare lo savejs,
Faria pa guera ;
Che mi son ël fjol dël re
De l'Inghiltera.

(*Canzoni del Piemonte*, F. V, p. 170.)

Ce chant a rappelé à M. Nigra le romance catalan intitulé :

El Marinero

A la bora de la mar — n'hi ha una doncella
Que broda d'un mocador — la flor mas bella.
Quant ne fou á mitx brodat — li faltá seda
Veu veni' un berganti y diu — « oh de la vela !
¿ Mariner, bon mariner — qu'en portau seda? »
« — ¿ De quin color la voleu — blanca o vermella ? »
« — Vermelleta la vuy yo — qu'es mes fineta,
Vermelleta la vuy yo — qu'es per la reyna. »
« — Entrau dintre de la nau — triareu d'ella. »
Quant fou dintre de la nau — la nau feu vela.
Mariné 's posa á cantar — canso novella ;
Ab lo cant del mariner — s'ha adormideta,
Ab lo soroll de la mar — ella 's desperta,
Quant se desperta 's troba — lluny de sa terra.
« — Mariner, bon mariner, — portaume en terra
Qu'els ayres de la mar — me donan pena. »
« — Aixo si que no ho faré — qu'heu de ser meba. »
« — De tres germanas que som — so la mes bella,
La una es casada ab un duc, — l'altre es comtesa
Y yo pobreta de mi — so marinera ;
La una en té vestit d'or, — l'altre de seda
Y el meu pobreta de mi — n'es d'estameña »
« — No es d'estameña, no — que n'es de seda,
Non sou marinera, no — qu'en sereu reyna.
Que yo so lo fill del rey — de Inglatera
Y set anys que vatx pel mon — per vos doncella. »

(*Observaciones sobre la poesia popular. Romancerillo catalan*, p. 101.)

Dans le *Marinier du Pont-sur-Yonne* (*Romancero de Champagne*, t. II, p. 230), une imprudente jeune fille demande à un marinier quel est le prix du blé qui charge son bateau, et entre imprudemment dans l'embarcation qui s'éloigne aussitôt du port. Le marinier n'est pas moins entreprenant que ses confrères du Piémont et de la Catalogne, mais la jeune fille déclare qu'il faut qu'il devienne officier de roi. Le marinier va à Lorient et gagne ses épaulettes contre les Anglais :

> D'vant les parents et l'curé
> Le mariage est célébré.

Une aventure analogue fait le sujet d'une ronde des environs de Nantes, insérée par Champfleury dans les *Chants populaires des provinces de France*, p. 156, et par moi dans les *Chants pop. de la vallée d'Ossau* (*Romania*, t. III, p. 99).

L'Espagne offre aussi les analogies suivantes à l'épisode qui nous occupe :

La Belle Helena

. . . .
Bien vengades vos, Páris,
Páris el enamorado,
Páris, ¿ d'onde vais camino
Donde teneis vuestro trato?
— Por la mar ando, señora,
Hecho un terrible cosario,
Traigo un navio muy rico
De plata y oro cargado,
Llevolo à presentar
A ese buen rey castellano. —
Respondierale la reyña,
De esta suerte le ha hablado :
— Tal navio como aquese
Razon era de mirarlo. —
Respondiérale Páris
Muy cortes y mesurado :
— El navio y yo, señora,
Somos a vuestro mandalo.
— Gran placer tengo, Páris,
Como venis bien criado.
— Vayadeslo a ver, señora
Vereis como va cargado. .
— Pláceme, dijo la reina,
Por hacer vuestro mandado. —
Con trescientas de sus damas
A la mar se habia llegado.

Echo la compuerta Páris
Hasta que hubieron entrado,
Desque todos fueron dentro
Bien oiréis lo que ha mandado :
— ¡ Alzen ancoras, tienden velas! —
Ya la reina se ha llevado.

. . . .

(*Primavera y flor de romances*, t. II, p. 3.)

Don Duardos

. . . .
No lloreis mas, mi alegria,
Que en los reinos de Inglaterra
Mas claras aguas habia,
Y mas hermosos jardines
Y vuestros, señora mia.

. . . .
Y fuéronse a las galeras,
Que don Duardos habia :
Cincuenta eran por todas,
Todas van en compañia.
Al son de sus dulces remos
La Infanta se adormecia
En brazos de don Duardos,
Que bien le pertenecia.

(*Romancero general*, t. I, p. 156, nº 288.)

ROMANCE : **Tiempo es, el caballero...**

. . . .
No os maldigais vos, señora,
No os querais vos maldecir,
Que hijo soy del rey de Francia,
Mi madre es doña Beatrix :
Cien castillos tengo en Francia,
Señora para os guarir,
Cien doncellas me los guardan
Señora para os servir.

(*Rom. gen.*, t. I, p. 163, nº 307.)

M. Nigra cite aussi comme parallèles un chant publié par O.-L.-B. Wolf (*Altfranzœsische Volsklieder*, p. 111), un autre chant donné par Ampère (*Instructions relatives aux poésies populaires de la France*, p. 41), et le *Petit Batelier*, qu'on peut lire dans les *Chants populaires du Nord*, traduits par Marmier, p. 204.

Un conte recueilli par Grimm : le *Fidèle Jean*, offre aussi certains rapports avec tout ce qui précède. Il s'agit là d'une princesse qui, comme la *Bella Helena* du romance castillan, veut voir la riche cargaison d'un navire. Elle y monte, et tandis qu'elle considère les objets qui sont mis sous ses yeux, le vaisseau s'éloigne. Lorsqu'elle s'en aperçoit, elle est en pleine mer, elle se désole d'être tombée au pouvoir d'un marchand. « Je ne suis pas marchand, lui répond son ravisseur, je suis roi et d'une aussi bonne famille que la vôtre. »

XXXIII

L'Amant discret

(VERNÉVILLE)

— Combien gagnez-vous, petite couturière ?
— Je ne gagne que cinq sous, mais ne travaille guère.
J'avais mis à mon marché
Tous les jours m'aller promener,
Jusqu'à la quart d'un bois,
Pour mon amant m'aller voir,
A la quart d'un bois, la quart d'un bois joli.

D'aussi loin qu'il m'aperçut,
D'un doux baiser il me salue.
— Mon amant, conduisez-moi
Jusqu'à la sortie du bois. —
Quand elle fut hors du bois,
La belle se mit à rire.

— Or, que riez-vous, Marguerite, ma mie ?
— Oh ! je ris d'un serviteur qui a passé les bois
Tout seul, sa maîtresse auprès de lui
Sans jamais lui avoir rien dit.
— Retournons au bois, Marguerite, ma mie.
— Oh ! non je ne retournerai pas
Pour cent louis, ni cent ducats.

XXXIV

La Rencontre

RONDE

(CONDÉ)

Petite bergerette en gardant ses moutons,
Avait une rouchelette, ne la pouvait porter,
  Tra y déra,
  Ne la pouvait porter.

Avait une rouchelette, ne la pouvait porter,
Chevalier qui passa, l'aida à la porter,
  Tra y déra,
  L'aida à la porter.

Chevalier qui passa, l'aida à la porter.
La fille était jeunette, il voulut l'embrasser,
  Tra y déra,
  Il voulut l'embrasser.

La fille était jeunette, il voulut l'embrasser ;
La fille était jeunette, elle se mit à pleurer,

   Tra y déra,
  Elle se mit à pleurer.

La fille était jeunette, elle se mit à pleurer,
Chevalier pitoyable il la laissa aller,
   Tra y déra,
  Il la laissa aller.

Chevalier pitoyable, il la laissa aller.
Mais quand il fut passé, elle se mit à chanter,
   Tra y déra,
  Elle se mit à chanter.

Mais quand il fut passé, elle se mit à chanter.
— Va, petite coquette, je te rattraperai,
   Tra y déra,
  Je te rattraperai.

— Va, petite coquette, je te rattraperai.
— Jamais vous ne m'attraperez dans ma si grand'
   Tra y déra,   [beauté,
  Dans ma si grand' beauté.

Jamais vous ne m'attraperez dans ma si grand' beauté.
Mon père va-t-en voyage, il me veut emmener ;
   Tra y déra,
  Il me veut emmener.

Mon père va-t-en voyage, il me veut emmener ;
Au retour du voyage, il me veut marier,
   Tra y déra,
  Il me veut marier.

NOTE.

La donnée de ces deux chansons existe dans beaucoup de provinces et Gérard de Nerval a cité, dans la *Bohême galante*, de jolis couplets que nous avons aussi retrouvés dans quelques-uns des villages de la Moselle et en Bourgogne; ils commencent ainsi :

> Après ma journée faite,
> Je m'en fus promener,
> En mon chemin rencontre,
> Une fille à mon gré.

Cette chanson, de même que les deux nôtres, fait souvenir de ce joli romance castillan :

> De Francia partió la niña,
> De Francia la bien guarnida :
> Ibase para Paris,
> Do padre y madre tenia :
> Errado lleva el camino,
> Errada lleva la via :
> Arrimárase á un roble
> Por esperar compañia.
> Vió venir un caballero,
> Que á Paris lleva la guia,
> La niña desque lo vido
> Desta suerte le decia :
> « — Si te place, caballero,
> Llévesme en tu compañia. »
> « — Pláceme, dijo, señora
> Pláceme, dijo, mi vida. »
> Apeóse del caballo
> Por hacelle cortesia;
> Puso la niña en las ancas
> Y subierase en la silla :
> En el medio del camino
> De amores la requeria.
> La niña desque lo oyera

Dijole con osadia :
« — Tate, tate caballero,
No hagais tal villania :
Hija soy yo de un malato
Y de una malatia,
El hombre que á mil llegase
Malato se tornaria. »
Con temor el caballero
Palabra no respondia,
Y á la entrada de Paris
La niña se sonreia.
« ¿ De qué os reis, mi señora,
De que os reis, vida mia ?
« — Riome del caballero
Y de su gran cobardia,
¡ Tener la niña en el campo
Y catarle cortesiá ! »
Con vergüenza el caballero
Estas palabras decia :
« — Vuelta, vuelta, mi señora,
Que una cosa se me olvida. »
La niña como discreta
Dijó : « — yo no volveria
Ni persona, aunque volviese,
En mi cuerpo tocaria :
Hija soy del rey de Francia
Y la reina Constantina,
El hombre que a mi llegase
Muy caro le costaria.

Le chasseur d'un autre romance : la *Infantina*, rappelle le chevalier du romance précédent, et dans quelques leçons les vers de l'un se trouvent mêlés à ceux de l'autre. Ces deux jolies pièces existent aussi en portugais, M. de Almeida Garrett a publié l'une sous le titre la *Infeitiçada*, l'autre sous celui de *O caçador*. M. de Almeida Garrett croit qu'il ne peut y avoir de doute quant à l'origine française du romance qui a tant d'analogie avec plusieurs de nos chansons populaires, il pense qu'il a pu passer les Pyrénées à la suite de Henry de Bourgogne (*Romanceiro*, t. II, p. 30). M. Wolf dit à propos de ce même romance :
« La version portugaise *A infeitiçada* est vraisemblablement plus près de l'original français que la version castillane. Toutes deux roulent sur le même sujet, le lieu de la scène dans toutes

deux est voisin de Paris; la légèreté des fabliaux, un ton rapide et la croyance aux fées sont plus marqués dans le premier de ces romances. » (*Proben,* etc., p. 54.) On est en effet très-porté à reconnaître à ces romances une source française quand on lit cette vieille chanson normande :

« Eh ! qui vous passera le bois
Dictes, ma doulce amye !
- Nous le passerons cette fois
Sans point de villenye. »
Quand elle feust au bois si beau,
D'aymer y l'a requise :
— Je suis la fille d'un mezeau[1],
De cela vous advise.

— De Dieu soit maudit le merdier
Qui la fille a nourrie !
Quand il ne la mest a mestier
Ou qu'il ne la marye,
Ou ne la faict en lieu bouter
Que homme n'en ayt envie !

Quand elle fut dehors du bois,
Elle se print à soubzrire :
— Belle qui menez tel desgoys[2]
Dictes-moy, qu'esse à dire ?
Et respondit a basse voix :
— Je suys la fille d'un bourgeois,
Le plus grand de la ville,
L'on doibt couard maudire.
— Femme je ne croiray d'un mois
Tant soit belle ou habile.

(*Vaux de Vires* d'Olivier Basselin, édit.
du bibl. Jacob., p. 225.)

Le commencement d'une canzone recueillie par M. Nigra (fasc. V, p. 178) offre encore quelques similitudes avec nos chansons :

Fjöl dël re l'on va a la cassa
A la cassa dël lijon,
S'é scontrá 'nt üna bargera
A l'ombrëta d'ün bisson.

---

1. Lépreux.
2. Gazouillement.

— Cosa fej, bela bargera
A l'ombrëta del bisson ?
— Mi mn'auroc la mia rochëta
An guarnand i me moton.
— Voi na füsse pi grandota,
Vë mniréjva via con mi.
— L'é cuand ben che sia piciota,
Tan l'amor la saj servi. —
Al l'ha pià per sue man bianche
An gropëta al l'ha tiré,
Al l'ha mna-la fina an Fransa
Sensa maj pi dësmonté.
Cuand la bela é stajta an Fransa
S'é butá-se a tan pioré.
— Cosa j'eve voj, la bela,
Che no fej che tan prioré ?

La fin de cette canzone n'a plus d'analogie avec le sujet dont il s'agit et je serais tenté de croire qu'une variante a pris la place d'une autre conclusion plus semblable à celle dont on a lu la répétition tout à l'heure.

Dans le *Romancero champenois*, M. Tarbé a inséré sous le titre de l'*Honnête garçon*, une chanson presque identique à celle qu'a reproduite M. Gérard de Nerval.

Quantité de poésies populaires (*Volsklieder aus Venetien*, p. 59, n° 78) mettent du reste en scène des personnages semblables au Nicaise de Lafontaine, mais placés dans d'autres circonstances que le candide héros de nos deux chansons et du romance espagnol.

Le lecteur se sera sans doute demandé ce que signifie le mot *rouchelette*, je suis tenté de croire qu'il veut dire petite quenouille; serait-il trop hardi de le faire venir du mot gothique Rocken que les Allemands ont conservé, dont les Espagnols ont fait *rueca* et les Italiens *rocca* et *rocchetta* ?

Depuis que cette note a été écrite, j'ai trouvé d'autres frappantes analogies avec la chanson précédente. Je citerai des couplets du Canada : *Ah ! qui me passera le bois* (*Chansons populaires du Canada*, p. 88), et deux jolies variantes recueillies par Bladé (*Poésies pop. de l'Armagnac*, p 77 et 114).

XXXV

La Bergère rusée

(GUÉNANGE)

La bergère est au pâturage,
Au pâturage près des champs,
Voilà qu'un cavalier passant
Aperçut son beau visage ;
En voyant ses beaux yeux,
Il en devient amoureux.

Il attacha son cheval
Tout à l'entrée de la barrière.
C'était pour saluer cette aimable bergère.
La bergère était fort finette,
Droit au cheval s'en est allée,
A monté dessus tout doucement,
Gagnant la plaine
Et piquant de l'éperon,
Comme un vaillant garçon.

— Arrêtez, belle, je vous prie,
Ce que j'ai dit, je m'en dédis,
Vous avez mon cheval,

Mon beau manteau et ma valise,
Tout ce que j'ai vaillant
Est renfermé dedans.

— Gardez mes moutons à ma place,
Vous êtes un assez beau berger,
Mon maître vous nourrira à ma place,
Avec du beurre et du fromage,
Et le lait de nos brebis
Sera pour vous rafraîchir.

— Oh ! que ces filles ont de malice,
Dit le cavalier en pleurant ;
Adieu mes cinq cents francs,
Mon beau manteau et ma valise,
Et que maudit soit l'amour
Qui m'a joué ce vilain tour.

XXXVI

Même sujet

(METZ)

Une jeune bergère gardait ses moutons,
Un chevalier met pied à terre
Près de cette aimable beauté,
Il vient s'asseoir à son côté.
Alors la bergère lui crie :
— Doucement, doucement, je vous prie,
De ce canton éloignez-vous,
Laissez-moi, je crains un jaloux.
La bergère qui s'est levée,
Vers le cheval s'en est allée ;
Elle le monte tout doucement
Et part au galop dans les champs,
Pressant le cheval du talon
Comme un vaillant dragon.

NOTE.

Cette petite chanson et les chansons suivantes — dont j'aurais pu augmenter encore le nombre — sont probablement des réminiscences de ce que dans notre vieille poésie on appelait des pastourelles. Dans ce genre de composition il s'agit toujours, comme ici, de l'entretien d'un seigneur et d'une paysanne.

Ordinairement le seigneur joint à de galants propos la promesse de robes de drap et de soie, de *fermaus d'or, huves* (coiffures), *corroies, couvre-chiefs*, etc. Tantôt il réussit à se faire écouter, tantôt il est éconduit. Les troubadours et les trouvères se sont également essayés dans ces petites pastorales. Parmi les derniers on peut citer Thibaut de Champagne, Thibaut de Blazon, Richard de Sémilly, Henri III, duc de Brabant. Le célèbre jeu de *Robin et de Marion*, l'un de nos premiers essais scéniques, n'est qu'une longue pastourelle. De la France les pastourelles passèrent en Espagne. On en trouve quelques-unes dans les œuvres de l'archiprêtre de Hita, sous le nom de *Serranas*. Le marquis de Santillana en écrivit aussi plusieurs parmi lesquelles on remarque un petit chef-d'œuvre : *la Vachère de Finajosa*.

V. le *Romancero de Champagne*, t. II, p. 147. Favart, dans son opéra *Annette et Lubin*, a fait sur ce sujet une espèce de petit fabliau chanté par Annette. Une chanson du xve siècle, publiée par Le Roux de Lincy (*Chants historiques et populaires du temps de Charles VII,* p. 34), raconte l'aventure d'un soudard qui rencontre un pauvre diable dont les chausses lui font envie. Il exige qu'on les lui donne et tandis qu'il les passe, le volé s'élance sur le cheval du voleur et disparaît avec lui :

>   Les cauches dont j'ai parlé
>   Commencha à recauchier,
>   Quand l'autre lui vit muchier
>   L'autre jambe, il s'avisa
>   Qu'il fairoit bon chevauchier,
>   Lors sur le cheval monta.
>
>   Le compagnon s'en alla
>   Sur le cheval bien montés,
>   L'autre crie : holà ! holà !
>   — Tenez vos cauches, tenez !
>   — Certes vous vous abusés
>   Mes cauches vous duisent bien,
>   Vous en êtes bien parés,
>   Mais ce cheval sera mien.

Dans les chants albanais réunis par Camarda (*Appendice al saggio di grammatologia comparata,* p. 115), la ruse d'une jeune fille a une lointaine analogie avec notre chanson.

XXXVII

La Bergère moqueuse

(MALAVILLERS)

— Dis-moi, Annette, le nom de ton village ?
— Apprenez-le, Monsieur, vous le saurez.
— Que cherches-tu dedans ce vert bocage ?
— Je cherche un sot, Monsieur, je l'ai trouvé.

— Que ton berger est heureux, ô bergère !
— Vraiment, Monsieur, il n'est pas malheureux.
— Ah ! si j'avais le bonheur de te plaire !
— Il faut pour ça vous y prendre un peu mieux.

— Dis-moi, Annette, dis-moi quelle ressource
Tu peux avoir avec un laboureur ?
Vois ces bijoux, ces pierres, cette bourse,
Ce beau troupeau est à toi si tu veux.

— Allez-vous-en, de vous rien ne me tente,
Car je préfère bien mieux mon jeune ami.
— A tes genoux je meurs, ô ma bergère !
— Qu'y puis-je faire ? je ne sais pas guérir.

— Je sens venir mon heure dernière !
— Et moi, Monsieur, l'heure de mon berger.
— N'est-ce pas lui là-bas dans cette plaine ?
— Précisément, il faut vous en aller.

NOTE.

Cette chanson sort tout à fait du genre des chants populaires, où jamais l'auteur ne cherche à faire de l'esprit. Ici il y a de la prétention au trait, à la repartie. Ce doit-être l'œuvre de quelque paysan qui a habité la ville, et cela doit remonter au règne de Louis XV. Si par les idées, la recherche, cette petite pièce semble en dehors de notre cadre, elle lui appartient par la défectuosité ou l'absence des rimes, par l'irrégularité du rhythme ; la forme est très-populaire.

On retrouve une imitation ou un modèle de cette chanson dans les environs de Nice, la langue française y alterne avec le dialecte local. Le début est le même que dans l'entretien d'*un seigneur et d'une bergère* qui suit ; le mot *adieu* est pris dans l'acception de bonjour.

— Adieu, Nanon, mon aimable bergère.
— E ben, Moussu, ch'es che mi voulès ?
— Je te voudrais, Nanon, sur la fougère.
— Anas, Moussu, parlas como sabès.
— Je te voudrais à l'ombre d'un bocage.
— Anas, Moussu, craigni pa lou souleu.
— Dis-moi, Nanon, le nom de ton village.
— Apprenelo, Moussu, e pi lou saureu.
— Qu'il est heureux le berger qui t'adore !
— Avès pa tort si cres pa malerous.
— Dis-moi, Nanon, pourquoi tu es si rigoureuse.
— E vous, Moussu, perché sies tant amourous.
— Si je le suis, c'est pour te rendre heureuse.
— E jeu, Moussu, per mi truffar de vous.

(*Conversation sur le dialecte Niçois,* par le chevalier J.-B. Toselli, p. 110.)

V. *Chants populaires des provinces de l'Ouest,* t. I, p. 208.

XXXVIII

Chanson nouvelle sur l'entretien d'un Seigneur et d'une Bergère

(Sur l'air : *Vous m'entendez bien*)

(BOUSSE)

— Bonjour, Manon, mon aimable bergère,
Je suis venu pour te voir en ce bois,
  Ne puis-je pas, près de toi,
M'asseoir un moment sur la verte fougère,
  Ne puis-je pas, près de toi,
T'ouvrir mon cœur en te donnant ma foi ?

Chère Manon, seul plaisir de mon âme !
Ah ! que je souffre pour toi nuit et jour,
  Mon cœur pénétré d'amour
N'est que tendresse et qu'ardeur et que flamme,
  Mon cœur pénétré d'amour
Ne demande qu'un sincère retour !

— Il vous faudrait baigner dans la rivière
Pour éteindre cette grande chaleur,
  Ou si vous le trouvez meilleur,
Faites-vous donner quelque bon clystère.

Ou si vous le trouvez meilleur,
Martin-bâton calmera votre ardeur.

— Bergère ingrate, tu te ris de mes peines,
Et tu n'es point sensible à mes tourments ;
　　Tes attraits sont si charmants,
Ils ont, hélas ! su m'accabler de chaînes ;
　　Tes attraits sont si charmants
Que je suis ton esclave languissant.

— Si ce n'est que ces chaînes qui vous gênent,
Un serrurier pourrait guérir vos maux,
　　Un marteau et des ciseaux
Vous rendraient bientôt liberté pleine.
　　Un marteau et des ciseaux
Pourraient vous décharger de ce fardeau.

— Quelle pitié ! quoi, faut-il à mon âge
Me voir railler par une jeune beauté !
　　Manon, as-tu oublié
Que je suis seigneur de ce village ?
　　Manon, as-tu oublié
Que tu me dois l'honneur et le respect ?

— Si vous êtes seigneur de ce village,
Pour moi je suis la reine de mon cœur.
　　Tirez le droit du seigneur
Dessus les terres et sur les héritages ;
　　Tirez le droit du seigneur
Et ne veuillez pas dîmer sur mes faveurs.

— Adieu, Manon, inhumaine bergère,
Avant de quitter ces prairies,

Embrasse-moi, je te prie,
Pour mon amour, c'est un petit salaire.
Embrasse-moi, je te prie,
Un seul baiser me doit être permis.

— Allez, Monsieur, vous me mettez en colère,
Ou je vous ferai, sans beaucoup de train,
Baiser le dos de ma main,
Et vous verrez que c'est la même chair ;
Baiser le cul de mon chien,
Rien n'est pour vous et tout est pour Colin.

XXXIX

Le Seigneur et la Jardinière

(BOUSSE)

— Très-aimable jardinière,
Ici reçois un seigneur
Qui vient d'une bonne manière
Pour être ton serviteur.
Vous cultivez vos fleurettes
Du matin au soir,
Je viens d'une amour parfaite
Exprès pour vous voir.

— Entrez dans mon parterre,
Cela vous est permis ;
Monsieur, vous venez me faire
Beaucoup d'honneur ici.
Je suis simple jardinière,
Fille d'un paysan,
Je n'ai ni biens, ni terres,
Pas un sol vaillant !

Je suis dedans mon parterre,
Très-noble seigneur,
Je travaille dedans la terre
Comme un laboureur.

Prenez, cueillez la violette
Si c'est votre goût ;
Prenez, cueillez mes fleurettes,
Je vous permets tout.

— Mon goût n'est pas sur ces roses,
Ni sur ces rosiers,
Mon goût est sur autre chose
Que tu peux me bailler.
Ce que je veux, jardinière,
C'est ton tendre petit cœur.
Ce que je cherche sur ce parterre,
C'est cette charmante fleur.

Je suis seigneur du village,
Belle, tu le sais bien,
Je te ferai l'avantage
De te donner du bien.
De pauvre et simple jardinière,
Tu viendras en grand honneur,
Tu seras l'épouse fière
D'un puissant seigneur.

— Je rends un humble hommage,
Monsieur, à votre grandeur.
Si c'est pour le mariage,
J'ai déjà un serviteur.
Vous êtes maître de vos terres,
Et moi de mon cœur.
Laissez-moi me satisfaire
En cultivant mes fleurs.

— Adieu, beauté sans pareille,
Belle comme le jour,
Tu me prives de mon sommeil
Tu abréges mes jours.
Je pensais avoir fleurette
Et du plus grand prix ;
Et ma récolte n'est faite
Que parmi les soucis.

NOTE.

Ces deux chansons, comme quelques autres de ce volume, ont été copiées d'après un recueil manuscrit, où une main rustique s'est plu jadis à transcrire quelques morceaux appartenant à la poésie populaire.

XL

La belle Meunière

(METZ)

— Permets-moi, belle meunière,
De traverser la rivière,
De passer par ton moulin,
Car j'ai perdu mon chemin.

Presque la journée entière,
J'ai parcouru les bruyères,
Mes chasseurs sont égarés,
Je n'ai pu les retrouver.

— Monsieur, fort peu m'embarrasse
Que vous reveniez de la chasse ;
Contez vos discours plus loin,
Laissez-moi vanner mon grain.

Suivez le long du rivage,
Vous trouverez un passage ;
Vous avez l'air trop malin
Pour entrer dans mon moulin.

— Tu te trompes, ma mignonne,
Ne crains rien pour ta personne ;

Quoiqu'en habits de chasseur,
Je suis un puissant seigneur.

Suis-moi, tu seras ma reine,
Mon amour, ma souveraine,
Dans les plus brillants atours
Je te mènerai à la cour.

— Je me plais dans mon village,
Taisez votre doux langage,
Car si venait maître Mathurin,
Je crois qu'il ferait beau train.

Craignez et fuyez sa colère,
Car il pourrait sans mystère
Vous apprendre à passer l'eau
Sans bac et sans bateau.

— Ta simplicité m'enchante,
Et ta beauté ravissante
Augmente encor mon amour,
Sois-moi sensible à ton tour.

— Quoiqu'en simple jupe blanche,
Je brille les fêtes, les dimanches ;
Les filles de mon pays
Valent bien celles de Paris.

— Tous mes biens je t'abandonne,
Un beau château je te donne,
Un équipage à ton loisir,
Et des gens pour te servir.

— Je me ris de ta tendresse,
Je veux tenir la promesse
Que j'ai faite à Mathurin
Quand il sortit du moulin.

— Je t'offre une chose plus aimable :
Château, vin, bonne table,
Bijoux, joyaux et montre d'or,
Et bien d'autres choses encor.

— Adieu vallons, lieux chéris ;
Un sort plus digne d'envie
Me fait quitter mon moulin.
Reconsole-toi, Mathurin.

— Qu'on me sonne donc la gloire,
Le triomphe et la victoire,
Satisfait de mon gibier,
Buvons tous à sa santé.

NOTE.

Ces rencontres de seigneurs et de meunières semblent avoir eu beaucoup de vogue dans la poésie populaire ; on les trouve redites de bien des manières, tantôt avec moins d'art que dans la pièce qui précède :

> Belle meunière, en passant par ici
> Me suis-je pas éloigné de Paris ?
> Je suis ici dans ces bas lieux,
> De tes beaux yeux je deviens amoureux,
> Ne pourrait-on pas, la belle, en passant
> Vous entretenir un petit moment?

D'autres fois au contraire la forme est plus littéraire :

> — Gentille meunière,
> Si loin du moulin,
> Dis, que viens-tu faire ?
> Sur ce grand chemin,
> Belle enfant, dis-moi,
> Où tu vas seulette ?
> Veux-tu qu'avec toi
> Je fasse route, brunette ?
> — Non, je me hasarde
> Seule, Monseigneur,
> Car pour sauvegarde
> J'ai la paix du cœur, etc.

Cette meunière ne se laisse point séduire comme l'autre ; elle reste fidèle, non à son mari mais à son amant. Le manuscrit que m'a confié M. Auricoste de Lazarque contient encore plusieurs chansons sur une donnée semblable. Le *Romancero de Champagne* offre aussi quelques pièces qui ne sont pas sans analogie avec les espèces de pastourelles précitées. Je citerai le *Seigneur et la Bergère* et la *Bergère d'Andelot*. — V. *Canzoni Comasche*, p. 673, n° 52.

XLI

La Bergère et le Seigneur

(PLAPPEVILLE)

Me promenant le long des bois,
J'ai entendu une voix.
C'est la voix d'une bergère
Qui chantait si joliment
Une chanson d'allégresse,
Pour réjouir son amant.

— Bergère, quitte ton troupeau,
Viens avec moi dans mon château,
Tu y seras demoiselle.
Tu porteras le manteau
Et des coiffures de dentelle...
Tout ce que j'ai de plus beau.

— Ta maison rouge et ton château,
Tes carrosses et tes grands chevaux
Ne me donnent pas d'envie
D'abandonner mon troupeau,
Ni mon innocence chérie,
C'est ce que j'ai de plus beau.

— Auparavant de nous quitter,
Donnez-moi un doux baiser.
Belle, donnez-moi quelque chose
Sur moi que je puisse porter ;
Quand je verrai cette chose,
A vous, belle, je penserai.

XLII

La Fille du Vigneron

(BOUSSE)

C'était un vigneron
Qui avait trois jolies filles :
Elles vont toutes trois
Travailler à la vigne.

La plus jeune des trois
Elle s'est endormie.
Par là il passa
Un beau capitaine.

Il l'embrassa trois fois
Avant qu'elle s'éveillât ;
A la quatrième fois,
Son petit cœur soupira.

— Faut-il pour ma beauté
Perdre mon cœur en gage ?
— Vous ne le perdrez pas,
Ma petite brunette.

Vous aurez en mariage
Le plus beau de mes pages.
— A moi n'appartient pas
Le plus beau de vos pages.

A moi il appartient
Un garçon du village,
Qui est à la charrue,
Qui fait son labourage.

XLIII

La Bergère et le Loup

(BOUSSE)

Mon père avait cinq cents moutons
J'en étais la bergère,
Dondaine, don don,
J'en étais la bergère,
Don don.

A l'entour de ces bois
Le loup m'en a pris quinze,
Dondaine, don don,
Le loup m'en a pris quinze,
Don don.

Un beau monsieur, autour du bois,
M'en ramène une quinzaine,
Dondaine, don don,
M'en ramène une quinzaine,
Don don.

— Quand nous tonderons nos moutons,
   Vous en aurez la laine,
      Dondaine, don don,
   Vous en aurez la laine,
      Don don.

— Ce n'est pas ce que nous vous demandons,
   C'est votre cœur en gage,
      Dondaine, don don,
   C'est votre cœur en gage,
      Don don.

XLIV

Même sujet

(SANRY-LÈS-VIGY)

Là-haut, là-bas, dans ces vallons,
Il y a t'une bergère,
Qui prend bien garde à ses moutons
Sur l'herbe de fougère.

Là-bas, y y passe un gros loup
Tenant la gueule ouverte.
Il lui prend un de ses moutons,
Il le prend et l'emporte.

La belle se mit à crier :
— Douce Vierge Marie !
Celui qui rapportera mon mouton
Sera mon bon ami.

Là-bas, y y passe un cavalier ;
Tirant son épée claire,
Il fit trois tours autour du bois,
Et le mouton ramène.

— Monsieur, c'est en vous remerciant,
De vous et de vos peines ;
Quand nous tondrons nos moutons,
Vous en aurez la laine.

— Je ne suis pas marchand drapier,
Ni trafiquant en laine.
La belle, donnez-moi z'un baiser
Pour consoler mes peines.

NOTE.

Le recueil de Marcoaldi contient une leçon italienne fort jolie de cette chanson, la voici :

Il bacio

Guardë voi, bella i barbin
Che lo lupo non ve li mange ;
Che ô l'è la inte quel boschin
Che ô ne camin-na a gambe.

Ne vegne in sà lo lupo a gambe
Con la bocca bella larghiera,
Eô se piglia il più bel barbin
Che la bella se gh'aveva.

Allor la bella se mette a piange :
— Chi mi donesse il mio barbin
Serë lo mio galante.
. . . .
Ne salta fuori'l figlio del re
Colla sua spada alla moda,
E da tre colpi al lupo
E'l barbin sorti di fuori.

— Ne vegnirei lünesdi matin
Allo tocco della campana ;
Tunderò lo mio barbin,
E vi darò la lana..

— Ma mi non faccio lo mercantin
Ni di lana, e ne di stoppa
Solo voglio un bacin d'amur
Della vostra bella bocca.

(*Canti popolari* raccolti da Marcoaldi, p. 175.)

On retrouve les mêmes idées dans le chant vénitien suivant dont la fin diffère d'ailleurs de celle des deux chansons françaises et de la chanson génoise qu'on vient de lire.

La pastorela

Gh'era una pastorela
Drio la riva del mar,
Su quel 'erba tenerela
I sui caprini a pascolar.

Passa la onde un cavalier :
— Atendi bela i tuoi caprini
Che il lovo non teli mangi.

— Chel passi avanti bel cavaliere,
Che non sera da questa mura
Che non ho paura. —

Salta fuora del bosco il lovo
Porteghe via il caprino
Più bel che la gaveva.

— El torni indrio bel cavaliere
E desmonta dal suo cavalo,
Cola spada sua sfodrata
Ghi ha dato una stocata.

— O togli, o bela, il tuo caprin
E metelo insieme ai altri,
Se mi ho fato un piacerin,
Vu feme un altro.

— E che piacere vorla de me ?
Son dona maritata,
L'anelo che porto in deo
De quel che m'ha sposata.

Venira il giorno de San Martin,
L'ultimo di de la setimana,
Alora toserò il caprin
E a lei darò la lana.

— Non fasso mi il mercante de lana
E neanche il mercante de stopa
Voglio un basin solo d'amore
Sú quela cara boca.

— La speta un poco, bel cavaliere,
Che mio mari non lo senta,
Che go un mari molto tristo,
Ma non voria star senza.

Ch'el speta un poco bel cavaliere,
Ch'el mio mari non lo sentà,
Non le darò sol uno
Le voglio dar ben centa.

(*Volkslieder aus Venetien*, p. 55, n° 77.)

Cf. avec Bujeaud (*Chants populaires des provinces de l'Ouest*, t. II, p. 307), *Pop. Carmina Grœciœ*, p. 360; *Chants recueillis dans la vallée d'Ossau, Romania*, t. III, p. 99; *Poésies pop. de l'Armagnac et de l'Agenais*, XXIII, etc., etc. — On est frappé de la ressemblance de cette chanson et d'un chant des *Carmina Burana* :

Lucis orto sidere
Exit virgo prospere.

XLV

La Batelière

(RETONFÉY)

Ce sont ces trois messieurs de la cour,
Après le souper vont faire un tour,
S'en vont le long de la rivière :
C'est pour jouer avec la batelière.

— Batelière, dans ton bateau
Viens bien vite nous passer l'eau.
— Mettez le pied dans ma jolie nacelle,
Et vous et moi passerons la rivière.

Mais quand il fut dans le bateau,
Il badina en gros lourdaud :
— Mon beau monsieur, un peu de patience,
Que nous soyons dans un lieu d'assurance.

— Ton cœur volage, la batelière,
Pour de l'argent peut-on l'avoir ?
— Pour cent écus vous ne l'aurez pas encore,
Mais pour deux cents mes amours sont les vôtres.

Quand il eut compté son argent,
Il badina plus hardiment :

— Mon beau monsieur, un peu de patience,
Que nous soyons dans un lieu d'assurance.

Quand ils furent au bord de l'eau,
La belle retira son bateau ;
Elle se retira de trois pas en arrière :
Adieu, monsieur, je t'ai passé la rivière.

— Oh ! que dira papa le grand
Que j'ai dépensé mon argent !
— Tu lui diras qu'en passant la rivière,
Tu l'as joué avec la batelière.

— Ah ! si jamais j'y repasse l'eau,
Je t'y noierai dans ton bateau.
— Mon beau monsieur, ne soyez pas si fier,
Car de ma vie ne serai batelière.

Avec ton or et ton argent,
Je m'en irai dans un couvent,
Dans un couvent de religieuses
Où j'y passerai une vie bienheureuse.

NOTE.

Nous avons retrouvé avec très-peu de différences la même chanson dans le village de Senouville.

Une variante nous donne le nom d'un village de la Champagne.

> — Pour le village de Landricourt
> Pourriez-vous m'enseigner le plus court ?
> — Suivez, suivez le long de la rivière,
> Y trouviendrez la belle batelière.
> — Ah ! bonjour donc, jolie batelière,
> Voudrais-tu bien m'y passer l'eau ?
> — Oui da, Monsieur, entrez dans ma nacelle, etc.

Il existe encore une chanson sur un sujet analogue, mais là c'est un vieillard qui demande à passer l'eau, il offre à la batelière : croix d'or, diamants et une bourse pleine de cent mille francs. Elle paraît consentir à aborder avec lui une île tapissée de verts prés :

> Quand il eut pied à terre, elle retira son bateau.
> — Adieu, adieu, mon cher, croquez là le marmot.
> Défaites vos culottes si vous savez nager :
> J'emporte vos pistoles pour me bien marier.

Cf. avec une chanson grecque : Passow, *Popularia Græciæ Carmina,* p. 360.

Cette pièce a quelque analogie avec la nouvelle V de la première journée de l'*Heptameron*.

XLVI

Le Panier

(RETONFÉY)

Chantons un plaisant tour
Causé par l'amour,
Digne de mémoire,
D'un maître boulanger,
Homme marié.
Voyons cette histoire :
Il voulut pour certain,
Courtiser soudain,
Même à la nuit noire.
(Je ne dis pas son nom,
Mais on sait cela
Dans les environs).

La femme d'un écrivain
Dont il est voisin,
Jolie et bien faite,
Plut à notre mitron.
Prend occasion
De lui conter fleurette,
Dit : Cinquante louis
Pour une seule nuit,

Voulez-vous, ma poulette,
Je vas vous compter,
Si vous m'accordez
Cette liberté ?

— Monsieur, pour cette nuit,
Cela je ne puis,
Car mon mari demeure ;
Mais sans faute demain
Il ne revient point.
N'ouvrez pas la bouche,
L'on fermera l'escalier.
Dans un grand panier
Voilà la ressource,
Vous vous mettrez dedans
L'on vous tirera
En haut lestement.

Le boulanger content
De ce sentiment
Applaudit l'allure.
Mais l'écrivain revient,
Sa femme soudain
Lui conte l'aventure ;
Dit : — Je réponds de toi,
Car tu as ma foi,
Hélas ! je suis sûre
Que tu joueras un tour
Qui sera parlé
Dans notre faubourg.

A l'heure de minuit,
Comme il était dit,

L'on tend les cordages,
L'on descend le panier
Pour le boulanger
Se tenir en cage.
La femme et son mari
Le montent à demi
Jusqu'au troisième étage ;
Attachant le cordeau,
Ils l'ont là laissé
Comme un franc moineau.

Notre amant soupirait,
Enfin ne savait
Ce qu'il voulait faire.
De se jeter en bas
Il ne consent pas ;
La drôle d'affaire,
Il reste suspendu,
Surpris et confus,
Plaignant sa misère.
Mais il fut bien puni,
Car il resta là,
Là, jusqu'à minuit.

Les voisins à l'instant,
De ce coup plaisant
Éclatèrent de rire.
Mais le pauvre mitron
Fait capitulation,
Plaignons son martyre.
— Les cinquante louis,
Tenez, les voici,

Cessez mon martyre;
Mais descendez-moi donc,
De votre voisin
Ayez compassion.

Un des garçons mitrons
Sort de la maison,
Aperçoit son maître.
Il va de cet assaut
Courir aussitôt
Avertir sa maîtresse.
La femme tout de bon,
Au bruit du mitron,
Connut la finesse.
Elle dit à son voisin :
— Laissez-le, du moins,
Là jusqu'à demain.

Il court comme un voleur,
Plaignant son malheur.
Va dans sa boutique,
La femme, tout de bon,
Lui fit carillon,
Rien ne lui réplique.
La femme et les garçons
Fouettèrent le mitron
Comme une bourrique ;
Il demande pardon,
Mais on l'étrille
Sans compassion.

NOTE.

On a reconnu dans cette chanson un épisode qui jouit d'une grande vogue. Cette aventure a été attribuée à Virgile, que le moyen âge transforma en magicien. On lit dans les poésies de l'archiprêtre de Hita :

> Non te quiero por vesino, nin me vengas tan presto,
> Al sabidor Virgilio como dise en el testo,
> Engañolo la dama quando lo colgo en el cesto
> Coydando que lo sobia a su torre por esto.
>
> (*Poesias castellanas anteriores al siglo XV*, p. 443.)

Dans l'*Image du monde*, l'histoire du panier est aussi mise sur le compte de Virgile (Man. 193, fonds Notre-Dame, 3ᵉ partie), et 7991, chapitre intitulé : ***Des Merveilles que Virgile fist par les arts de Clergie***, Pao de Benlibre fait allusion à cette ruse féminine :

> E Virgili fou pendat per la tor.

Notre chroniqueur, Philippe de Vigneulles, parle d'une fête qui eut lieu à Metz, en 1512, et dans laquelle on vit figurer sur des chevaux et dans des chars les personnages qui jouissaient alors du plus grand renom : David, Alexandre, Charlemagne, Artus, Salomon, etc. « Pareillement estoit en l'ung d'iceux chariots le saige Virgile qui pour femme pendoit à une corbeille. » Il serait impossible de citer toutes les mentions que l'on fit de cet épisode. M. du Méril a indiqué cependant un grand nombre d'ouvrages où l'anecdote du panier est rappelée (*Mélanges archéologiques et littéraires*, p. 424). Outre les auteurs que je viens de nommer, on peut encore ajouter aux indications qu'il donne le roman d'Æneas Silvius, *De duobus amantibus Eurialo et Lucresia*, la *Celestina* et le *Corbacho* de l'archiprêtre de Talavera. Dans un fabliau (*Fabliau de Legrand*, t. I, p. 232) c'est Hippocrate qui remplace Virgile dans la corbeille. Suivant M. Arsène Houssaye, semblable mésaventure arriva à Cambrai au peintre La Tour, qui se tira d'affaire au moyen d'un bon mot, mais probablement cette anecdote est controuvée.

V. le *Virgilio nel medio evo* de Comparetti, t. II, p. 106 et suiv.

XLVII

Le Coffre

(RETONFÉY — VERNÉVILLE)

Chantons un tour bien plaisant
Arrivé vieillement
A Christophe, le bon enfant ;
La chose est véritable,
Sa femme avait pour amant
Un meunier bien aimable.

Christophe s'en va-t'au marché
Pour y vendre ou acheter,
Quand on l'a eu bien fréquenté
Son beurre et son fromage,
Personne ne l'a marchandé ;
Oh ! le triste voyage.

Sa femme vit venir de loin
Son mari plein de chagrin.
Elle dit au meunier badin :
— J'y vois venir Christophe
Et de peur qu'il ne vous voie
Mettez-vous dans notre coffre.

Christophe dit, tout en entrant :
— Femme, il fait bien mauvais temps,
Je viens d'au marché z'à présent,
L'on ne m'a fait aucune offre ;
Me voyant bien désolé
Je veux vendre mon coffre.

Sa femme lui répondit :
— Tu m'as l'air bien étourdi.
Où mettrons-nous nos habits,
Nos chemises, Christophe ?
Il faut vendre nos oiseaux
Et laisser notre coffre.

Ci, dit leur petit enfant :
— Papa, le meunier est dedans.
— Va, va, petit enfant,
N'en dis pas davantage ;
Je veux vendre aujourd'hui
Le z'oiseau et la cage.

Christophe s'en va-t'en criant :
— Argent de mon coffre,
Je le veux vendre dix-huit francs.
Il est beau z'et valable ;
Je ne sais pas ce qu'il y a dedans,
Mais il pette comme un diable.

Un beau garçon boulanger,
Vraiment, le vient marchander,
Il m'en donne quinze francs,
Il est payé z'au double.

Le meunier qui est dedans,
La cervelle lui trouble.

Et vous, jeunes meuniers badins,
Qui allez voir ces catins,
N'y hasardez point butin.
N'allez pas chez Christophe
De peur d'être, comme moi,
Enfermé dans un coffre.

XLVIII

La Culotte de velours

(METZ)

Puisque j'entends que l'on marmotte
Touchant la culotte de velours,
Je vais vous raconter tout court
L'histoire de cette culotte.
      C'est un fait vrai
    Que je vous apprendrai.
Vous allez voir ce que rapporte
Quelquefois un accident
Dont on n'est d'abord pas content.

Pour mieux vous expliquer l'affaire,
Exactement jusqu'à la fin,
Vous saurez que c'est un marin
Près de partir sur un corsaire.
      Étant à bord,
    Sans penser à son sort,
Il voulut mettre pied à terre
Pour aller revoir sa moitié ;
Mais il n'était pas le premier.

Sa femme qui était à demi morte,
Lui dit : Oh ! mon mari, c'est toi !
Le favori saisi d'effroi,
Pendant qu'elle va ouvrir la porte,
    Se mit dans un coin
    Où l'on ne vit rien.
Le mari déchaussa ses bottes
Et mit son bonnet de nuit.
Écoutez ce que sa femme fit.

Sa femme qui n'était point sotte
Se mit à se plaindre bien fort ;
Disant : J'ai attrapé la mort,
En allant vous ouvrir la porte,
    Assurément
    Je souffre cruellement.
Oui, ma colique est si forte,
Mon ami, qu'il me faut mourir
Si vous ne voulez me secourir.

Faut aller chez l'apothicaire
Pour y chercher quelque liqueur.
Ne se doutant pas de l'affaire,
Il répondit : De tout mon cœur,
    S'il te faut cela,
    Tout de suite tu l'auras.
Mais il n'y avait pas de lumière,
Et notre homme prit des habits
Qui n'étaient pas du tout à lui.

Il commande un bon clystère
Et puis il cherche de l'argent,
Et ce fut dans ce moment

Qu'il reconnut tout le mystère.
  Il fut surpris
 De trouver quinze louis
Et une montre en or d'Angleterre
Dans la poche de la culotte de velours.
Il vit que sa femme lui jouait un tour.

Plutôt que de porter le clystère
A sa femme pour sa guérison,
Il s'éloigne de sa maison
Et retourne à son corsaire,
  Disant : L'heureux sort,
 Avec tous ces louis d'or
Je vais boire et faire bonne chère
Et je vais boire à la santé
De ma femme et de sa fidélité.

NOTE.

Le quiproquo qui fait le sujet de cette chanson se retrouve dans une très-grande quantité de contes et pourrait bien remonter à l'histoire de Philésithère qu'on lit dans l'*Ane d'or* d'Apulée. Un troc de culottes a fourni une nouvelle à Sachetti, une nouvelle à Sabadino, une nouvelle à Masuccio, un exemple au chevalier de Latour Landry, une anecdote à Poggio, quelques pages aux *Nouveaux Contes à rire*, deux contes à Vergier, un conte à Grécourt, un récit à l'auteur de l'*Apologie pour Hérodote*. Le fabliau intitulé : *les Braies aux Cordeliers*, roule encore sur cette même donnée que Casti a traitée à son tour sous ce titre : *le Bracche di San Griffonne*. Dans les Vosges j'ai entendu faire le conte suivant :

« Un pauvre curé de campagne alla voir un de ses confrères. Celui-ci le pria tellement de prêcher à sa place qu'il y consentit.

Il s'habilla de bonne heure pour se rendre à l'église où il comptait préparer son sermon. En sortant du presbytère il rencontra un mendiant et lui répondit, avec regret, qu'il n'avait rien, absolument rien à lui donner. Le pauvre, en insistant, lui dit de chercher dans ses poches et que certes il y trouverait de quoi faire l'aumône. Le prêtre obéit machinalement et retira de sa culotte un beau louis d'or qu'il remit avec stupéfaction au mendiant; comme il avait été très-sincèrement peiné de ne pouvoir faire la charité, il pensa qu'un miracle avait été fait en sa faveur et ce fut même là le sujet qu'il traita dans son sermon. Pendant ce temps son confrère retournait ses poches avec inquiétude, il s'apercevait qu'il n'avait pas sa culotte, et comme son hôte avait partagé sa chambre, s'expliquait très-bien comment le miracle s'était produit. »

M. Auricoste a retrouvé, à Retonféy, une autre leçon de cette chanson anecdotique.

XLIX

A bon Chat bon Rat

(MALAVILLERS)

Trois garçons avec quatre filles,
Au cabaret s'en sont allés ;
Quand ils ont bu et bien mangé,
    Ces trois bons drilles
Leur z'ont laissé payer l'écot,
    Aux quatre filles.

Se regardant les unes aux autres,
Disant : Nous n'avons pas d'argent ;
La plus jeune s'est approchée
    Avec prudence :
— Tiens, voilà mon anneau d'or
    Pour la dépense.

Elle s'en va chez la boulangère,
Chez la mère de son bien-aimé :
— Que le bonjour vous soit donné,
    La boulangère !
Votre fils vient de tomber
    Dans la rivière.

Il vous prie de bonne grâce
De lui envoyer son manteau,
De lui envoyer son manteau,
  Aussi sa veste ;
Pour se retirer aussitôt
  De sa détresse.

Quand la belle a reçu les gages,
Elle s'en retourne au cabaret :
— Oh ! rendez-moi mon anneau d'or,
  La belle hôtesse,
Voici des gages bien plus forts.
  Buvons sans cesse.

L

Le Chaudronnier

(SERROUVILLE)

C'est un drôle de chaudronnier,
Qui s'appelait Grégoire.
Un jour passant par Chaumont
Pour y vendre ses chaudrons,
    Fut bien attrapé,
    Fut bien étrillé
      Par trois jeunes filles,
      Gaillardes et gentilles.

Il s'en va parmi la ville,
Criant à voix haute :
— Argent de tous mes chaudrons !
Trouve z'une belle brune,
    Parfaite en beauté :
    — Oh ! z'en vérité,
      Oh ! Mademoiselle,
      Que vous êtes belle !

Je voudrais pour tous mes chaudrons,
    Petite brunette,
    Avoir fait collation
    Avec vous seulette :

— Entrez dans ma chambre,
J'en suis bien contente,
Nous ferons sans façon
La collation.

Quand la belle eut la bourse :
— Notre affaire est faite,
Attendez un petit moment,
J'y reviens dans l'instant ;
 Je m'en vais chez Martin,
 Chercher du bon vin,
 Car il nous faut faire
 Une bonne chère.

La belle fut avertir
Trois de ses voisines,
Elles sont venues toutes les trois,
Comme à la sourdine,
  Donner du balai
  Sur le chaudronnier,
  Son pauvre derrière
  Paya le mystère.

— Aïe ! aïe ! ne frappez pas tant,
Laissez ma culotte.
Que les cent diables soient de l'amour !
Jamais je ne le ferai de mes jours.
  Voilà mes chaudrons
  Tous en carillon ;
  Tout mon ballottage
  A resté pour gage.

LI

Le Revenant

(MALAVILLERS)

— Pan, pan, ouvrez-moi donc!
J' suis vot' grand Simon,
Qui r'viens d'Angleterre;
Comm' j'étais mal là-bas,
Je r'viens à grands pas,
Ne v'sauvez donc pas!

— Au secours, mes enfants,
Rentrons, il est temps;
D' frayeur me v'là morte,
V'là Simon, not' grand gas
Qui r'vient d' son trépas,
Qui nous tend les bras!

C'est bien lui, voyez-vous,
Sauvons-nous tourtous,
Fermons bien la porte;
Toi, pour le renvoyer,
Prends vite ce psautier,
Moi le bénitier!

— Hélas ! mon pauvre enfant,
Pour toi dans l'instant
J' sommes tous en prières ;
Pour gagner l' Paradis,
Écoute bien, j' t'ai dis
Un *De profundis*.

— Bon, un *De profundis*,
C'est toujours ça de pris
Par le trou d' la serrure.
Mais êtes-vous fous tourtous,
Ou bien voulez-vous
M'envoyer de chez vous ?

— Oui, va-t'en, mon enfant,
D' nous tu seras content,
Car sûr dès demain,
Pour adoucir ton sort,
Je te f'rons dire d'abord
Un service de mort.

— Un service ! vous rêvez,
Je vois bien qu' vous m' prenez
Pour un autre, ma mère.
J' suis pas un revenant,
J' suis Simon, votre enfant.

— S'il est vrai qu' t'es vivant,
Entre, mon cher enfant,
Viens donc t' mettre à table ;
Mange, tu nous rassur'ras,
Car j' sais ben qu' là-bas
Les morts ne mangent pas.

— C'est bien moi qui suis moi,
Calmez votre foi,
Puisque j' casse la croûte,
Embrassez-moi tourtous !
Bon Dieu, qu'il est doux
De m'avoir avec vous !

— J'ai l'écrit bien signé
Comme quoi tu fus tué
Dans une grande déroute.
Ma je n' crois pu d' papier,
Puisqu'à notre quartier
Te v'là tout entier.

— M' voyant si mal reçu,
Tout surpris j'ai cru
Que vous perdiez la tête.
Je n' savais pas pourquoi
J' vous voyais de bonne foi
Prier Dieu pour moi.

Cf. avec un *Chant des provinces de l'Ouest*, t. II, p. 242.
Beaucoup de variantes de cette pièce existent dans la collection manuscrite des *Poésies pop. de France*.

LII

Joie inespérée

(BRIEY)

Adieu, mes camarades de l'armée,
Je vous quitte muni de mon congé.
Après quinze ans de campagne passés,
Je crois qu'il est temps de s'en retirer ;
Que chacun fasse comme moi,
Vive l'Empereur ! vive la Loi !

— La bonne mère, voulez-vous, en passant,
Loger un militaire, en vous payant.
La bonne mère me répond poliment :
— Entrez, Monsieur, prenez du séant,
Vous coucherez dedans le lit
De notre fils qu'est à l'armée aussi.

— Dans quelle armée était-il, votre fils ?
Dans celle du Rhin, ou bien celle d'Italie ?
— Hélas ! Monsieur, nous ne savons pas
S'il n'est pas mort dans ces combats,
Car il y a déjà longtemps
Qu'il n'a récrit, notre cher enfant !

Avant de se coucher, Monsieur, il faut souper,
Asseyez-vous et faites comme nous.
Mais mon père me dit en soupant :
— Si je revoyais ici mon enfant
Aussi gai, aussi bien portant
Que je vous vois ici présentement !

Ma bonne mère m'ayant examiné,
Elle dit : — Je ne crois pas me tromper,
Je crois que vous êtes notre fils,
Vous avez sa physionomie.
Grâce d'une mère, ne m'y trompez pas,
Retirez-moi de tous ces embarras.

— Oui, cher papa, aussi chère maman,
C'est moi qui viens rejoindre dans vos bras.
Buvons un coup et soyons tous contents.
Ne regrettez plus la guerre maintenant,
Je les ai servis quatorze ans,
A mon agrément, j'en suis content.

A la santé de ma chère Babette
Qui m'a toujours tant aimé.
Elle m'a conservé son cœur,
Foi de Franc-Cœur je l'épouserai.
Elle m'a conservé son cœur,
Foi de Franc-Cœur je l'épouserai.

LIII

Le Déserteur

(RETONFÉY)

Il y a dix-huit ans que je suis à la troupe,
Sans espoir d'y avoir mon congé.
L'idée me prit de déserter la troupe.
Hélas ! en chemin j'ai z'été rattrapé.

Faut-il pour l'amour d'une brune
Être enfermé dans ces cachots,
Rongé de poux et couché sur la paille,
Manger du pain et n'y boire que de l'eau?

La belle s'en va trouver son capitaine,
Son lieutenant, aussi son commandant,
En lui disant d'un amour si sincère :
— Pour de l'argent rendez-moi mon amant.

— Je suis fâché, lui dit le capitaine,
Belle, que s'il était votre amant,
Il va passer au conseil de guerre,
Il va mourir ici présentement.

Lorsque la belle entendit ces paroles,
Son petit corps y tombe demi-mort ;
Le capitaine promptement la relève,
En lui disant : Belle, votre amant est mort.

LIV

Même sujet

(RETONFÉY)

L'amour et la boisson
Font faire des folies,
Sortir d'une garnison,
Pour l'amour d'une fille.

J'ai pris des fausses routes,
Des chemins écartés,
Et j'y croyais bien être
En lieu de sûreté.

Dans mon chemin rencontre,
Rencontre des gendarmes,
Hélas ! m'ont demandé
Si j'avais mon congé.

— J'en avais un sans doute,
Mais on me l'a volé
Dedans mon portefeuille
Avec d'autres papiers.

Ils m'ont pris, m'ont saisi,
M'ont mis les fers aux mains.
Tout droit à Lille en Flandre
M'ont conduit promptement.

En venant sur la place,
Je rencontre mes camarades
Qui pleuraient, qui fondaient en larmes,
Le mouchoir à la main.

Le gros major qui vient :
— Écoutez, mes enfants,
Tout homme qui déserte
On lui en fait autant.

LV

Le Déserteur

(METZ)

Je me suis engagé
Pour l'amour d'une brune,
Non pas pour les cadeaux
Que je lui ai donnés,
Mais pour un doux baiser
Qu'elle m'a refusé.

En mon chemin faisant,
Rencontre mon capitaine,
Mon capitaine me dit :
— Où vas-tu, mon ami ?
— J'y vas dans ce vallon,
Rejoindre mon bataillon.

Mon capitaine me dit:
— Ce n'est pas par là ta route.
J'ai mis mon habit bas,
Mon sabre au bout de mon bras
Et me suis battu là,
Comme un vaillant soldat :

Le premier coup portant
Tua mon capitaine,
Mon capitaine est mort
Et moi je vis encor;
Avant qu'il soit trois jours,
Ce sera à mon tour.

Qui me fera mourir?
Ce sont mes camarades,
Ils me banderont les yeux
Avec un mouchoir bleu;
Ils me feront mourir,
Sans me faire languir.

Mais quand je serai mort,
Coupez mon cœur en quatre,
Envoyez-le à Paris,
A Paris chez ma mie,
Quand elle verra cela,
Elle s'en repentira.

Soldats de mon pays,
N'en dites rien à ma mère,
Mais dites-lui bien plutôt
Que je suis mon drapeau
Dans l' pays étranger,
Que jamais je n'en reviendrai.

NOTE.

Murger a inséré dans son roman *les Vacances de Camille,* une version différente et beaucoup plus longue de cette chanson. J'ai entendu pour la première fois ces couplets en Bourgogne, il y a quelques années. Une légère voiture nous menait à Saint-Point. Mme de....., chez laquelle je recevais la plus aimable hospitalité, voulait bien prêter le charme de sa belle voix à des chansons populaires, et tandis que nous traversions les charmants paysages qui se succèdent de Cluny à l'habitation favorite de M. de Lamartine, elle redisait avec une grâce exquise plusieurs de ces compositions naïves qu'elle aimait. La complainte du *Déserteur* fut de ce nombre, mais telle qu'elle la chantait elle offrait des variantes avec la version qui précède; j'ai retenu les suivantes :

>   Là-bas dans ces verts prés,
>   J'ai tué mon capitaine,
>   Mon capitaine est mort, etc.

>   . . . .
>   Qu'on ensevelisse mon cœur
>   Dans une serviette blanche,
>   Qu'on le porte à Paris
>   A mamzelle Julie,
>   Qu'elle me fasse l'honneur
>   De recevoir mon cœur.
>   Elle prit son cœur,
>   Le mit dans une cantine,
>   Dans une cantine d'eau-de-vie,
>   En disant : Sapristi!
>   Le voici
>   Le cœur de mon ami.

>   Soldats de mon pays,
>   Ne l'dit's pas à ma mère,
>   Mais dites-lui plutôt
>   Que je suis à Bordeaux
>   Pris par les Polonais,
>   Qu'elle n' m' verra jamais!

Le déserteur a été rappelé par Gérard de Nerval (*les Filles du feu*, p. 38). Le journal *la Vie parisienne* a aussi publié une vieille chanson où il s'agit de trois dragons déserteurs :

> Nous étions trois dragons,
> Pour l'amour d'une brune,
>   Triple nom !
> Nom d'un escadron,
> Nous avons déserté,
> Triple sans quartier, etc.

Une chanson populaire allemande, *Das Alphorn*, n'est pas sans rapport avec tout ce qu'on vient de lire.

V. encore : *Chants populaires des provinces de l'Ouest*, t. II, p. 209 ; *Canti Monferrini*, n° 24 ; *Portugiesische Volkslieder*, p. 39 ; *Chansons du Canada*, p. 168.

LVI

Le jeune Tambour

(MALAVILLERS)

Trois jeunes tambours revenaient de la guerre,
    Ran, ran, ran, pataplan,
    Revenaient de la guerre.

Le plus jeune des trois avait une rose,
    Ran, ran, ran, pataplan,
    Avait une rose.

Vint à passer la fille du roi,
    Ran, ran, ran, pataplan,
    La fille du roi.

— Jeune tambour, veux-tu me donner ta rose,
    Ran, ran, ran, pataplan,
    Veux-tu me donner ta rose ?

— Fille du roi, veux-tu z'être ma maîtresse ?
    Ran, ran, ran, pataplan,
    Veux-tu z'être ma maîtresse ?

— Jeune tambour, demande-le z'à mon père !
   Ran, ran, ran, pataplan,
   Demande-le z'à mon père !

— Sire le roi, veux-tu me donner ta fille ?
   Ran, ran, ran, pataplan,
   Veux-tu me donner ta fille ?

— Jeune tambour, tu n'es pas assez riche,
   Ran, ran, ran, pataplan,
   Tu n'es pas assez riche.

— Sire le roi, je suis plus riche que vous ;
   Ran, ran, ran, pataplan,
   Je suis plus riche que vous.

J'ai trois vaisseaux sur la mer jolie ;
   Ran, ran, ran, pataplan,
   Sur la mer jolie.

Un chargé d'or, et l'autre d'argent fine,
   Ran, ran, ran, pataplan,
   Et l'autre d'argent fine.

Et un de diamants pour ma maîtresse ;
   Ran, ran, ran, pataplan,
   Pour ma maîtresse.

— Jeune tambour, tiens, voilà ma fille ;
   Ran, ran, ran, pataplan,
   Tiens, voilà ma fille.

— Sire le roi, je vous la remercie ;
Ran, ran, ran, pataplan,
Je vous la remercie.

Dans mon pays l'y en a de plus jolies ;
Ran, ran, ran, pataplan,
L'y en a de plus jolies.

NOTE

Cette version nous a été donnée par M. de Maigret. En voici une autre recueillie à Retonféy par M. Auricoste de Lazarque. Je supprime le refrain :

Joli tambour revenant de la guerre,
Dedans sa main tient z'une belle rose.
La fille du roi assise à sa fenêtre :
— Joli tambour, donnez-moi votre rose ?
— Oui, vous l'aurez en signe de mariage.
— Joli tambour, demandez à mon père.
— Sire le roi, donnez-moi votre fille.
— Joli tambour, tu n'es pas assez riche.
Retire-toi ou je te ferai pendre.
— J'ai trois vaisseaux sur la mer coulante.
L'un chargé d'or, l'autre d'argenterie,
L'autre portera les amours de ma mie.
— Joli tambour, dis-moi qui est ton père ?
— Sire le roi, c'est le roi d'Angleterre.
— Joli tambour, tu auras donc ma fille.
— Sire le roi, je vous en remercie,
Dans mon pays l'y en a de plus jolies.

On retrouve cette chanson dans beaucoup de provinces. Dans le Cambresis (*Mémoires de la Société d'émulation de Cambrai*, t. XXVIII, p. 276), le jeune tambour est plus galant:

> Dans mon pays y en a pas d' plus jolies.
> Plan, ran, tan, plan,
> Y en a pas d' plus jolies.

Dans le Languedoc, c'est un joli dragon qui joue le même rôle que le joli tambour : « Je suppose, dit à ce propos M. Auricoste, que quelque cavalier jaloux aura voulu faire pièce à l'infanterie en se substituant au joli tambour, évidemment le héros de l'histoire, puisqu'on entend le ranpataplan de son instrument pendant toute la durée de la chanson. »

Dans quelques provinces la chanson commence ainsi :

> Trois cents soldats revenaient de la guerre...

En Champagne (*Romancero*, p. 127, t. II), elle débute de cette manière :

> Trois petits dragons
> Revenant de la guerre...

et offre des changements assez notables; on y retrouve ces moulins incohérents dont la poésie populaire a souvent parlé :

> J'ai trois moulins tournant sur la rivière ;
> L'un moud de l'or, l'autre de l'argenterie,
> Et l'autre moud les amours de ma mie.

Cette chanson existe aussi en Catalogne ; on la lit dans le *Romancerillo* publié par M. Milà y Fontanals :

Los tres Tambores

> Si n'eran tres tambors — venian de la guerra,
> El mes petit de tots — porta un ram de rosetas ;
> La filla del rey n'es — al balcò qu'es passeja :
> — Vina, vina tambor — porta aquestas rosetas.
> — No os donaré yo el ram — que no'm deu l'amoreta
> — L'habeu de demanar — al peyra y a la meyra
> Si vos la volen dar — per mi res nos pot perdrer
> — Deu lo guart, rey frances — si'm doneu la filleta ?

Ix me d'aqui tambor — avans no't fassi perdrer.
— No'm fareu perdrer vos — ni vos no'm fareu perdrer
Alli en el meu pais — en tinch gent qu'em defensan.
— Digas, digas tambor — digas qui es el teu peyra
— El meu peyra be n'es — el rey de Inglaterra.
— Vina, vina tambor que't donare la filla.
— No'n sento grat de vos — ni de la vostra filla
Que alli en el meu pais — n'hi ha de mes bonicas.

(*Observaciones sobre la poesia popular*, p. 121.)

Bernoni a donné une chanson analogue sous ce titre: *Il Figlio del re d'Inghilterra*. Elle commence ainsi:

Mo dime, ò buon tambur,
Donime a mi quel fior.
Araus, araus e ratapalatrous.

(*Canti Veneziani*, liv. XI, n° 1.)

LVII

La mort du Guerrier

(VARIZE)

Ce dix avril, soldat de guerre,
Nous faut partir, nous faut partir,
Nous faut partir dedans la guerre,
Nous faut partir pour l'Angleterre.

A l'Angleterre étant arrivé,
L'on nous a mis tous à tirer.
Nous avons bien tiré six heures entières
Sans aucun mal nous pouvoir faire.

Après avoir tiré six heures,
Après avoir tiré six heures,
Notre bon maître s'est trouvé blessé,
Notre bon maître s'est trouvé blessé.

— Dis-moi, mon maître, mon bel ami,
N'as-tu pas regret de mourir ?
— Tout le regret que j'ai dans ce monde
C'est de mourir sans voir ma blonde.

— Ta blonde, nous l'enverrons chercher,
Ta blonde, nous l'enverrons chercher,
Par quatre soldats de la marine
Naviguant sur la mer jolie.

— Dis-moi, mon maître, mon bel ami,
Dis-moi, mon maître, mon bel ami,
Si ta blessure est bien profonde,
Si ta blessure est bien profonde.

J'engagerais tous mes habits,
J'engagerais tous mes habits,
Mon anneau d'or et ma ceinture,
Amant, pour guérir ta blessure.

— N'engage rien pour moi, ma blonde,
N'engage rien pour moi, ma blonde,
N'engage rien pour moi dans ce monde,
Car ma blessure est trop profonde.

Reste moi voir porter z'en terre,
Reste moi voir porter z'en terre,
Reste moi voir porter z'en terre
Devant l'église de Saint-Omer.

NOTE.

M. Auricoste pense que cette chanson doit être fort ancienne. Il est frappé de cette expression *notre bon maître,* au lieu de capitaine, général, etc. Il remarque ensuite que le dernier couplet où le pauvre blessé demande à sa belle de rester pour le voir porter en terre devant l'église de Saint-Omer, semblerait indiquer que tout ceci se passait à une époque où l'Angleterre avait encore des possessions sur le territoire français ; « d'un autre côté, ajoute-t-il, on va chercher sa blonde amie par mer ; mais les chants populaires sont remplis de ces incohérences. » Cette chanson m'a été envoyée de différents villages et entre autres de Rémilly où M. Émile Michel a bien voulu faire des recherches à mon intention. La date par laquelle débutent les couplets précédents me paraît un début singulier et mettrait peut-être sur la voie d'un événement réel. Peut-être parviendrait-on à trouver à cette chanson un caractère historique ? Telle est aussi la pensée de M. Smith, qui a publié dans la *Revue des langues romanes* (janvier-mars 1880, p. 104) plusieurs variantes dans lesquelles il est de même fait mention du mois d'avril.

Cette chanson, mais dans une forme plus moderne, a été donnée dans les *Chants populaires de l'Ouest*, t. II, p. 202. M. Liebrecht s'en est occupé (*Gœtt. gel. Anz.*, année 1866, p. 2024); cette blonde dont parle le mourant lui a apporté comme un vague souvenir d'Iseult la blonde et de Tristan.

LVIII

Le roi d'Angleterre et les quatre-vingts Pucelles

(BOUSSE)

A Paris, à Paris,
Il y a quatre-vingts pucelles ;
Elles ont toutes dansé
A l'ombre d'une treille.
Joli cœur d'amour,
Que ma maîtresse est belle !

Voilà il y passa
Joli roi d'Angleterre,
Il les salua toutes
Et laissa la plus belle.
Joli cœur, etc.

— Pourquoi me laissez-vous,
Joli roi d'Angleterre ?
— C'est que je vois à tes yeux
Que tu n'es pas pucelle.
Joli cœur, etc.

— Va-t'en à Paris,
A Paris chez mon père,
Tu y trouveras bien
Quatorze de mes frères.

Ils te verseront tous,
Tous les quatorze à boire
De ce bon vin blanc,
Qui coule dans la Seine.
Joli cœur d'amour,
Que ma maîtresse est belle !

NOTE.

A Serrouville, la fin de cette chanson est différente :

Tu n'es qu'un filou,
Joli roi d'Angleterre. —
Il tira son épée,
Moi ma baïonnette.

Moi ma baïonnette,
Il tira son épée,
Moi ma baïonnette,
Le premier coup porta,
Jeta le roi par terre.

Va-t'en z'à Paris,
Il y a treize de tes frères,
Ils te verseront
Tous les treize à boire.

Les *Mémoires de la Société d'émulation de Cambrai* (t. XXVIII, p. 389) contiennent un fragment de cette chanson ; le voici :

Nous voici rassemblées
A quatre-vingts fillettes,
Nous somm's mis's à danser
Dessus un' motte de terre ;
Par là vint à passer
Un beau roi d'Angleterre,
Les a baisées tertoutes,
A laissé la plus belle !
Joli cœur de mai,
Que ma maîtresse est belle !

Peut-être y a-t-il dans cette chanson une réminiscence historique quelconque. C'est ce que croit M. Tarbé qui a publié une chanson rappelant celle-ci, mais beaucoup plus longue (*Rom. de Ch.*, t. III, p. 105). Il y voit une allusion à Alix, fille de Louis VII, qui avait été destinée à Richard-Cœur-de-Lion et que ce prince refusa d'épouser, alléguant que son père Henri II avait eu pour elle une affection illégitime. Nous renvoyons le lecteur à la chanson plus complète et à la note du savant champenois.

M. Bladé (***Poésies populaires de l'Armagnac***, p. 78) a donné une chanson qui a de l'analogie avec la nôtre.

LIX

Le Proscrit

(CHESNY)

Autant de millions d'or
Que j'ai mis en avant,
Pour avoir des gens ;
Autant d'infanterie,
Dragons, cavalerie,
Deux mille cinq cents.

J'ai z'écrit au roi
S'il a besoin de moi,
Moi joli soldat ;
Le roi m' fit défense
D'y rentrer en France
Et dans ses États.

Où vais-je donc aller
Pour être en sûreté,
Moi, joli soldat ?
J'irai dans la Hollande,
Au pays d'assurance,
Vive la liberté !

J'ai passé par Lyon,
J'ai mis ma garnison
Dedans ses faubourgs,
J'y ai planté ma pique
Qui servait de guide
Aux bourgeois d'alentour.

C'est un dimanche matin,
La belle s'y promène,
S'y promène à son jardin,
Le jeune homm' saut' les murailles,
Murailles et fossés,
Un cordeau dans sa poche
Pour la belle lier.

Oh ! que dira le roi
D' voir ce cruel malheur !
Qu'on emmène sa fille
Si parfaite en beauté...
. . . .

NOTE.

Cette chanson est incomplète ainsi que celle qu'on va lire, mais toutes deux doivent être anciennes. La jeune fille enlevée dans son jardin rappelle un peu plusieurs héroïnes des romances espagnols et entre autres Mariana :

> Captiváronla los Moros
> La mañana de San Juan,
> Cogiendo rosas y flores
> En la huerta de su padre...

M. Nérée Quépat a publié du *Proscrit* une version plus complète, page 33, des *Chants messins*.

LX

L'Assassin

(CHESNY)

C'est un lundi qu' me prit envie
Ma maîtresse la fair' mourir ;
Je l'irai fair' mourir si loin
Qu' jamais personn' n'en saura rien.

Le galant, chez elle, s'en va,
Monte z'à ch'val et l'emmena.
Il l'emmena dans le cimetièr',
Dans le cimetièr' pour l'enterrer.

— Or, adieu, bell', c'est pour toujours.
J' pens' que j'y finirai mes jours.
. . . .
. . . .

La belle avait trois galants frères,
Pendant trois jours ils l'ont cherchée.
Ils l'ont cherchée et recherchée,
Dans la forêt ils l'ont trouvée.

— Et c'est donc toi, ma pauvre sœur,
Qui étais baignée dans ton sang,
Pour obéir à des amants !

. . . .

NOTE.

Ces trois frères font souvenir de ceux qui pénètrent dans le château de la *Barbe bleue* au moment où leur sœur va mourir. Ils rappellent encore une partie du dénouement du chant de *Clotilde*, qui existe dans le midi de la France et dans le nord de l'Italie, et qui semble remonter aux malheurs de Clotilde, fille de Clovis et femme d'Amalaric, roi des Visigoths. (V. à ce sujet le recueil de M. Nigra, fasc. I, p. 33.) Ajoutons que cette chanson n'est pas sans analogie avec l'*Amant barbare*, que nous avons donné précédemment.

LXI

Le duc du Maine

(RETONFÉY)

C'est le grand duc*que* du Maine,
  La briquedondaine,
A Montauban blessé,
  La briquedondé,
A Montauban blessé.

Blessé par une flèche,
  La briquedondaine,
Dont il fut transpercé,
  La briquedondé,
Dont il fut transpercé.

Transporté sous un chêne,
  La briquedondaine,
Sous un chêne renversé,
  La briquedondé,
Sous un chêne renversé.

Il demande une plume,
  La briquedondaine,

De l'encre et du papier,
  La briquedondé,
De l'encre et du papier.

Pour écrire à son maître,
  La briquedondaine,
Son roi, son allié,
  La briquedondé,
Son roi, son allié.

— Sire, je suis bien malade,
  La briquedondaine,
Je crois que j'en mourrai,
  La briquedondé,
Je crois que j'en mourrai.

Quand le roi lut la lettre,
  La briquedondaine,
Il se mit à pleurer,
  La briquedondé,
Il se mit à pleurer.

— Sire, lui dit la reine,
  La briquedondaine,
Qu'avez-vous à pleurer,
  La briquedondé,
Qu'avez-vous à pleurer ?

— C'est le grand duc*que* du Maine,
  La briquedondaine,
Qui est mort et enterré,
  La briquedondé,
Qui est mort et enterré.

NOTE.

Cette chanson est répandue dans diverses provinces et n'est certes pas originaire de nos contrées. On serait tenté de croire qu'elle est relative à un fait historique. S'agirait-il de Charles d'Anjou, comte du Maine, neveu du bon roi René? Mort sans postérité le 10 décembre 1481, Charles d'Anjou confirma le testament de son oncle René et désigna Louis XI pour son héritier. Serait-ce à cette cession que les vers suivants feraient allusion :

> Il demande une plume,
> De l'encre et du papier,
> Pour écrire à son maître,
> Son roi, son allié.

Quant à la blessure reçue à Montauban, je n'en trouve point de traces et recommande ce point à de plus habiles commentateurs.

On aura reconnu dans le *Grand Duc du Maine* un vers de la chanson de *Malbrough* :

> Qui est mort et enterré.

La chanson de *Malbrough* elle-même n'est qu'une imitation d'une chanson sur la mort du duc de Guise, qui a été publiée par M. Leroux de Lincy dans ses *Chants historiques français*.

J'ai retrouvé cette chanson dans les Pyrénées (*Chansons pop. de la vallée d'Ossau, Romania*, t. III, p. 89), et M. Mazure en a donné une variante dans son *Histoire du Béarn*, p. 497.

Ces deux leçons offrent d'assez notables différences avec le texte précédent.

LXII

La Fille du duc de Parme

(BOUSSE)

— Bonjour, grand duc de Parme,
L'on vient vous demander
Votre fille pour femme,
S'il vous plaît l'accorder.

— Pour une de mes filles,
Ce m'est beaucoup d'honneur,
Encore qu'elle soit gentille,
C'est un très-grand bonheur.

— Je la ferai, de moi, la reine
Et de mes biens,
Comme une souveraine
Si Dieu me la maintient.

Car déjà je lui donne
Mon cœur et mes désirs,
Sachez si la couronne
Peut lui faire plaisir.

J'ai déjà mis en route
Gentilshommes et seigneurs,
Pour venir sur sa route
Lui rendre mille honneurs.

Venez, grande princesse,
Venez dans nos pays,
Ne soyez pas rebelle
A un amant chéri.

— Duc de Parme, mon père,
Je vous fais mes adieux,
Et vous, ma chère mère,
J'en ai les larmes aux yeux.

Je m'en vais dans l'Espagne
Près du petit Bourbon,
Pour être sa compagne,
C'est un parti fort bon.

NOTE.

Charles IV, roi d'Espagne, épousa, le 4 septembre 1765, et lorsqu'il n'était encore que l'infant don Carlos, Marie-Louise de Parme. C'est ce mariage qui a dû donner lieu à la chanson qui précède. Nous ne connaissons, du moins, aucun autre fait auquel elle pourrait se rapporter.

LXIII

Le Gouverneur de Fischer

(GUÉNANGE)

— Bonjour, Hanovre, ma mignonne,
Je te viens faire compliment ;
Il me faut sans retardement,
Il faut que tu me donnes,
Sans que tu raisonnes,
Quatre millions d'écus comptant,
Dépêche-toi, car il est temps.

Je n'entends point votre langage,
Mon brave gouverneur de Fischer,
Ce ne sont que paroles en l'air.
Ce n'est que badinage,
Du jargon sauvage ;
Parlez-moi un peu bon anglais,
Car je n'entends point le français.

— Hanovre, pour te le faire entendre,
Je ferai ronfler mes canons
Sur toi et sur ta garnison.
Je te ferai comprendre
Si j'ai le cœur tendre ;

Sais-tu que je suis Allemand,
Mais bien plus traître qu'un Normand.

— Pardon, Monsieur, si je refuse
De vous donner tout cet argent,
Le pays est trop indigent.
Mais si je refuse,
C'est ce qui m'excuse.
Voilà deux millions tout en or,
Contentez-vous de ce trésor.

Me voilà sans deniers, ni maille,
Réduite à la mendicité.
Me faudra, sans plus résister,
Coucher sur la paille
Comme une canaille.
Vous me jouez un vilain tour
En me venant faire la cour.

— Bonsoir, Hanovre, ma mignonne,
Porte-toi bien, jusqu'au revoir,
Ne te mets pas au désespoir
Si je t'abandonne,
C'est que j'ai la main bonne.
Tu te souviendras pendant l'hiver
Du brave gouverneur de Fischer !

NOTE.

Ces couplets me sont arrivés de points fort différents et je les rencontre aussi dans le recueil manuscrit de M. Ernest Auricoste. Il pense qu'ils doivent exister dans quelques recueils ou mémoires de l'époque. A ce sujet mes recherches ont été infructueuses. Il paraît évident, toutefois, que cette chanson met en scène Jean-Christian Fischer qui, né aux environs de Metz, se fit connaître, en 1742, comme chef de partisans. Il déploya une bravoure qui lui attira la protection du maréchal de Saxe, auquel il dut de voir la compagnie qu'il avait formée prendre rang dans l'armée, sous le nom de Chasseurs de Fischer. Il s'illustra dans la guerre de 1743 et dans celle de 1757, et « c'est à lui, dit M. le général Susane, que remonte l'origine des chasseurs à pied et des chasseurs à cheval, ces deux troupes éminemment françaises. » (*Histoire de l'ancienne infanterie française*, par L. Susane, t. I, p. 291, Paris, 1849.) L'atlas de cet ouvrage donne, planche 12, l'uniforme des chasseurs de Fischer. Ce corps fut en garnison à Metz en 1763, à Vic en 1766, à Marsal en 1770, à Mirecourt en 1775.

Dans le *Nouveau Recueil des plus belles chansons et airs de ce temps*, la chanson n° IX rappelle un peu la donnée de celle qu'on vient de lire.

> Bonjour, Namur et ton château,
> Ta beauté n'a point de défaut,
> Je sais que tu es charmante et belle.
> C'est pourquoy ta charmante beauté
> M'a fait venir en ce quartier.

Ces déclarations sont adressées par *un grand roy de France*. Namur résiste et implore le secours des villes voisines. On a encore d'autres pièces analogues où des villes différentes sont en scène.(*Revue des langues romanes*, janvier-mars 1880, p. 107, et Nérée Quépat, *Chants messins*, p. 29.) Même situation dans un romance espagnol, où le roi don Juan II parle ainsi à la ville de Grenade :

> — Si tu quieseres, Granada,
> Contigo me casaria,
> Darete en arras y dote
> A Cordoba y a Sevilla.
> — Casada soy, rey don Juan,
> Casada soy, que no viuda ;
> El Moro que a mi me tiene,
> Muy grande bien me queria.
>
> (*Primavera y flor*, t. I, p. 250.)

LXIV

L'eau et le Vin

(MAIZEROY)

— Hélas ! que tu es folle !
Disait le vin à l'eau,
Toujours tu cours, tu voles
Le long de ces ruisseaux ;
T'es pire qu'une errante [1],
Et suis toujours la pente.
Que n'es-tu comme moi,
Car l'homme, sans mélanges,
Me donne des louanges
Mille fois plus qu'à toi !

Mais l'eau, avec sagesse,
Sitôt répond au vin :
— Tu parles avec hardiesse,
Dis-moi, petit mutin,
Sais-tu que je suis belle,
Ancienne et nouvelle,
Je suis la propreté.
Toi tu terrasses l'homme [2],
Dans le siècle où nous sommes,
Tu le rends hébété !

— Je terrasse et j'entête
Les hommes imprudents
Qui veulent me tenir tête,
A moi qui suis puissant.
Quoique tu sembles belle,
Tu n'es qu'une cruelle
Même aux yeux de plusieurs ;
S'ils vont à la fontaine
Boire à grande haleine,
Tu affaiblis leur cœur.

— J'arrose les campagnes,
Les plaines, les jardins,
Les collines, les montagnes,
Fais moudre les moulins [3].
Je réjouis le monde,
Le juste, aussi l'immonde,
Par mes attraits charmants.
Et toi, toujours variable,
Tu es insupportable,
Sujet aux changements.

— Au royaume d'Espagne
Je suis en grand renom ;
En Bourgogne, en Champagne [4],
On révère mon nom ;
En Bohême, en Italie,
En Savoie, en Hongrie,
A la table des grands [5] ;
Jusqu'au saint sacrifice
Je suis dans le calice [6]
Toujours au premier rang.

— Je sers aussi la messe,
Au sang du saint Agneau.
Je sers pour le commerce,
Portant de gros vaisseaux [7].
Je sers pour le baptême [8],
Toi, tu n'es pas de même,
Tu mets l'homme aux abois..
Tous les jours sans relâche,
Je relave les taches [9]
Qui sont faites par toi.

— L'on voit avec tristesse
Les inondations,
Tu donnes la détresse
Souvent aux vignerons.
Et contre la justice
Tu portes préjudice
A tous mes compagnons.
Et pire qu'une armée,
Dans certaine contrée,
Tu les détruis à fond.

— L'homme, avec grande instance,
Offre pour moi des vœux,
Demandant ma présence
Au monarque des cieux,
Je suis supérieure
Et non inférieure,
Par mon flux et reflux.
Bien loin de me confondre,
Je pourrais te répondre,
Ainsi ne parle plus.

NOTE.

Si cette pièce n'est pas tout à fait populaire par sa forme, elle l'est par la vogue dont elle jouit dans nos campagnes. M. V. Vaillant, rédacteur en chef du *Vœu National,* de Metz, l'a recueillie à Maizeroy, et elle m'a été, plus tard, envoyée par M. Auricoste de Lazarque, qui l'a retrouvée sur divers points. Cette pièce, outre la transmission orale, circule dans nos villages sur une feuille imprimée et pouvant rappeler les *pliegos sueltos* des romances espagnols. La poésie populaire allemande du département de la Moselle s'est également emparée de ce sujet, enfin il a été traité dans un petit poëme basque (*le Pays basque,* par F. Michel, p. 356). Il provient très-probablement du *Débat du vin et de l'eau* inséré par Jubinal dans les *Contes, dits et fabliaux,* t. I, p. 293, et qui avait été précédemment publié à la suite du *Débat de deux demoyselles, l'une nommée la noire et l'autre la tannée*, p. 131. Dans ce morceau l'auteur raconte qu'ayant un soir à son souper mêlé, dans un verre, de l'eau et du vin il s'ensuivit entre les deux liquides une vive discussion, dont il se fit le rapporteur. Mais là le débat n'alterne pas de couplets en couplets comme dans notre chanson. Le vin expose d'abord dans une assez longue série de vers les motifs qui doivent lui donner la préférence :

>   Quant l'eaue eut la parole ouye
>   Du vin, bien peu fut resioye ;
>   Un peu en se taisant pensa,
>   Et ne fut pas si esturdie
>   En parolle, ne si hardie
>   Comme le vin qui la tança,
>   Comme sage, gaye et jolie,
>   Combien que bien peu s'eslança,
>   Des mots bien piquans lui lança,
>   Desquels i'ay cy mis la coppie
>   Affin que ne faillisse mie.

L'eau réplique, et l'auteur finit par conclure qu'il ne faut jamais mêler l'eau et le vin. Une assez grande ressemblance de pensées peut faire croire que de ce vieux poëme dérivent les vers qu'on vient de lire. C'est ce dont on jugera par les passages suivants empruntés au *Débat*.

Tu cours partout comme une folle.

² Par toy maints se sont empirés.

³ Par ma force fait moulins mouldre,
De blé dur je fais molle poudre.

⁴ Moy je suis vendu a muys,
En barilz faitz de fors léans ;
On m'amaine ici d'Orléans
Et des pays où ie me tiens,
De Beaulne, Bourgogne ou de Rains.

⁵ Et si tost qu'un grand seigneur dîne
Suis mis sur la tuaille fine
En coupe d'or honnestement.

⁶ On fait de moy le sacrement
De la messe benoist et digne,
Le sang de Jésus, proprement,
Je suis sur l'aultel haultement.

⁷ Par dessus moy la marchandise
Vient de Florence et de Venise
Sur grans vaisseaux et sur navires.

⁸ Le premier des sacremens
Est fait de moy, qui est baptesme.

⁹ Tout pourriroit si ie n'estoye :
Ie lave chacun et nettoye.

CHANSONS

RELATIVES A D'ANCIENS USAGES

LES TRIMAZOS

Les Trimazos ont assez disparu de nos contrées pour qu'en nous en occupant, nous employions l'imparfait. On appelait Trimazos des jeunes filles vêtues de robes blanches et ornées de rubans, qui, le 1er mai, chantant et dansant, venaient devant chaque maison célébrer le retour du printemps. On appelait aussi Trimazos les chants mêmes qu'elles redisaient; on donnait à ces jeunes filles de l'argent ou des œufs, qui étaient vendus par elles et dont le produit était employé à décorer l'autel de la Vierge. En général, on a fait dériver cet usage des fêtes païennes qui avaient lieu à la même époque.

Dans son introduction des *Chants populaires de la Grèce* (p. civ), Fauriel rapporte une chanson qui se chantait au retour de la belle saison chez les Rhodiens. « Elle était chantée par des groupes de quêteuses pour lesquelles c'était une manière commune et consacrée de mendier de petites sommes d'argent primitivement destinées aux frais du culte de quelques divinités. »

Le mois de mai lui-même, *mayo,* a donné le nom de mayas aux jeunes Espagnoles qui, parées et couvertes de fleurs, étaient le 1er mai placées sur une espèce de trône dans les rues. En

Portugal on retrouvait le même nom et la même solennité. Une coutume semblable existait dans la Provence ; là on appelait cette fête la maye ; la jeune fille qui y jouait le principal rôle se nommait aussi maye ou mée, elle était costumée en déesse, couverte d'ornements et invitait les passants à lui donner quelques pièces de monnaie.

En Italie, et notamment en Toscane, de grandes réjouissances avaient lieu au 1er mai. Boccace en parle dans sa *Vie de Dante*, ce fut au milieu de ces joyeuses solennités que le poète aperçut Béatrix pour la première fois. Aujourd'hui encore le 1er mai est en Italie l'occasion de fêtes populaires. M. Tigri donne, à ce sujet, des détails curieux : « Il y a une nuit où sur les collines comme dans les plaines résonne partout une même chanson, celle de mai... Les garçons du peuple (si ce n'est dans toute la Toscane, du moins à Pistoja) élèvent sur les petits murs des voies publiques ce qu'ils appellent les petits autels de mai (*altarini di maggio*) et les couvrent de quelques images de saints et de fleurs. Certaines chansons faites pour la circonstance étaient autrefois nommées *Maggi* (Mais), et Mai fut appelée, et s'appelle encore, une branche d'arbre feuillue que les paysans plantaient devant la porte de leur maîtresse. Ce mai, que l'on portait en triomphe par la ville, était ordinairement orné de fraîches guirlandes, de rubans de diverses couleurs ou de petits objets comme ceux dont, en Allemagne, on fait usage dans la nuit de Noël... Il faut voir comme dans nos campagnes on suit encore aujourd'hui cette vieille coutume. Une bande de jeunes paysans, le dernier soir d'avril et le premier soir de mai, se rassemble au bruit des instruments et des chants dans les lieux les plus fréquentés. L'un d'eux porte un arbre garni de son feuillage qui, comme je l'ai dit, se nomme le mai, il est couvert de fraîches fleurs et de limons. Un autre porte un panier rempli de bouquets et, chemin faisant, ils offrent ces bouquets à leurs maîtresses et les saluent en chantant. Elles, en échange, ont coutume de donner aux *maggioioli* quelques œufs et à boire, et à leurs amoureux des berlingozzi (espèce de gâteaux) garnis de nœuds rouges. » (*Canti popolari toscani* racc. da G. Tigri, p. LVI e seg.)

Ce sont des œufs qui constituaient chez nous la principale offrande faite aux trimazos. Nous voyons aussi dans l'intéressant volume de M. Tigri que certaines chansons de mai ne sont pas sans quelque analogie avec nos trimazos, telle est celle-ci :

> Siam venuti à salutare
> Questa casa di valore,
> Che s'è fatta sempre onore
> E pero vogliam cantare,
> Salutiam primo il padrone,
> Poi di casa la sua sposa,
> Noi sappiam ch'égli è in Maremma,
> Dio lo sa, e ve lo mentenga.

Telle est cette autre :

> Or e di maggio e florito è il limone
> Noi solutiamo di casa il padrone,
> Ora è di maggio egli è fiorito i rami,
> Salutiam le ragazze co' suoi dami,
> Ora è di maggio che fiorito è i fiori
> Salutiam le ragazze co' suoi amori.

On a vu que nos trimazos employaient les offrandes à l'ornement de l'autel de la Vierge; dans la campagne de Pistoja, l'argent obtenu a aussi une destination pieuse. Il est consacré à faire dire des messes pour les âmes du purgatoire.

Il y avait des trimazos ou leurs équivalents dans presque toutes nos provinces, la collection manuscrite des *Poésies populaires de France* (Bibl. nationale, nos 3,338-43. Nouv. acq française) en contient un très-grand nombre. On peut en lire aussi dans les recueils suivants : *Bulletin de la Société d'archéologie lorraine* (t. IV, p. 516); *Romancero de Champagne* (t. II, p. 61 et suiv.); *Chansons populaires des provinces de France* (p. 110); *Bulletin du Comité de la langue* (t. I, p. 230); article de M. Rathery (*Moniteur* du 27 mai 1853). Les trimazos, qui jadis étaient des chants presque pieux, devinrent satiriques comme les *Noëls*, tels sont ceux qu'on a publiés à la fin du *Chan Heurlin*.

Pour ne pas isoler des chants de même nature, nous ne séparerons pas ici le patois du français, ainsi que nous l'avons fait pour les autres pièces qui composent ce recueil. Nous donnons, après les *Trimazos*, une chanson où il est parlé de l'usage de planter le mai.

I

Trimazos

(VERNÉVILLE)

Nous venons d'un cœur embrasé,
Madame (ou Monsieur), c'est pour demander
Ce qu'il vous plaira de nous donner
Pour Notre-Dame de Vernéville,
    Dame de céans,
  C'est le mai, mois de mai,
  C'est le joli mois de mai.

Nous avons passé parmi les champs,
Nous avons trouvé les blés si grands,
Les avoines sont en levant,
Les aubépines en fleurissant,
    Dame de céans, etc.

Si vous nous faites quelque présent,
Vous en recevrez doublement,
Vous en aurez pendant le temps,
Vous en aurez au firmament.
    Dame de céans, etc.

En vous remerciant, Madame,
De vos bienfaits et de vos dons ;
Vivez contente, vivez longtemps
Vivez toujours joyeusement.
     Dame de céans,
  C'est le mai, mois de mai,
  C'est le joli mois de mai.

II

Trimazos

(VERNÉVILLE)

Voici le mois de mai, avril passé,
Je ne puis tenir mon cœur de joie aller,
Tant aller, tant danser,
Vous aller, moi chanter.
      Trimazos !
    C'est le mai, mois de mai,
    C'est le joli mois de mai.

Nous avons passé parmi les champs,
Nous avons trouvé les blés si grands,
Les avoines sont en levant,
Les aubépines en fleurissant.
      Trimazos, etc.

Catherine, la belle femme,
Lorsque vous couchez votre enfant,
Mettez-lui les pieds devant,
La tête auprès de saint Jean.
      Trimazos, etc.

Quand Maria s'en va dehors,
Qu'il en soit ni plus ni moins
Que Dieu lui donne un bon secours,
Ni en danger de tout son corps.
      Trimazos, etc.

Jeunes garçons à marier,
Faites-nous charité,
Nous prierons la bonne Sainte-Vierge
Qu'elle vous envoie une bonne maîtresse.
    Trimazos, etc.

Jeunes filles à marier,
Faites-nous la charité,
Nous prierons Notre-Seigneur
Qu'il vous envoie un bon serviteur.
    Trimazos, etc.

En vous remerciant, Madame,
De vos bienfaits et de vos dons,
Ce n'est pas pour nous le présent,
C'est pour la Vierge et son enfant;
Elle priera son Fils qu'il vous mène
Au Paradis, encore mieux
Qu'il vous mène dans les cieux.
    Trimazos, etc.

(Quand on ne reçoit que des grossièretés, on chante :)

Nous avons chanté, nous vous déchantons,
    Nous vous souhaitons
    Autant d'enfants
Qu'il y a de pierrettes dans les champs.
    Trimazos !
  C'est le mai, mois de mai,
  C'est le joli mois de mai.

III

Trimazos

(MALAVILLERS)

Nous venons d'un cœur empressé,
Madame, c'est pour vous demander
Ce qu'il vous plairait de donner
A Notre-Dame de Malavillers.
Cent écus ou mille francs,
De la monnaie ou de l'argent,
C'est pour la Vierge et son enfant.
    Madame de céans,
  C'est le mai, le mois de mai,
  C'est le joli mois de mai.
      O trimazos !

(Remerciment.)

Madame, nous vous remercions
De vos bienfaits et de vos dons,
Vivez contente, vivez longtemps,
Vivez aussi joyeusement.
    Madame de céans.

C'est le mai, le mois de mai,
C'est le joli mois de mai.
   O trimazos !

(Quand on n'a rien reçu.)

J'avons été avau les champs,
J'avons trouvé les biés si grands,
Les avouënes en amendant,
Les aubrepines fleurissant,
Je vous souhatons austant d'ofants
Qu'il y a de pierrett's avau les champs.
   C'est le mai, le moé de mai,
   C'est le joli moé de mai.
      O trimazos !

IV

Trimazos

(ARS-LAQUENEXY)

Voici le mois de mai, evril pessé,
Je ne peux tenir mon cœur de jouye aller,
Tant venir et tant aller,
Tant ouï de mechancetés,
    O trimazos !
    Ç'o le maye, oh ! mi maye,
    Ç'o lé trimazos !

Quand je rev'nans d'evau les champs,
Je treuvans les biés si grands
Et les ourges et les avouènes
Et les aubepènes fleurayes,
    O trimazos ! etc.

Ç'o les formes de lé p'tiote roue,
Qui font beun les résoloues,
Ell's s'épratent comme des popes
Et n'sevent solement fare un' sope,
    O trimazos ! etc.

Si ve n' voleuz rien no bailli,
Ne no leyeuz m' tant sauter,
J'évans des keuches de trempe,
Que je ne polans pu tendre,

Et des jambes de chervelus,
Que je n' povons pu terr' dessus,
 O trimazos! etc.

Bones fomes de céans,
Feyeuz i po d'bien aux pores gens,
Une pognée de vot' ferène,
Unieu de vot' jeulnire,
 O trimazos! etc.

(Couplet que l'on chante quand on n'a rien reçu.)

Si veu n' mo bailleuz rien,
Je vos sohataus austant d'affans
Qui y a de pierrott's dans les champs,
Et de feuilles dans les bochons.
 O trimazos!
  Ç'o le maye, oh! mi maye,
   Ç'o lé trimazos!

Variante à ce dernier couplet

(ANOUX)

(Couplet que l'on chante quand on n'a rien reçu.)

J'avans chanté, jé v' d'chantans,
Jé v' souhatans austant d'afans
Qui n'ié d' pierrett's avau les champs,
Ni pé, ni pât' pou les nuri,
Ni chemis', ni toil' pou les couvri,
 O trimazos!
  C'est le ma, moć de ma,
   C'est le joli moé de ma.

V

Trimazos

(MALAVILLERS)

J'a vu maou d' chouses d'pu trente ans
Que j' n'aveu m' vu dans mé jeun' temps,
J'a vu des fom's et des bacelles
Sé far' pesser po des mamzelles,
Oh trimazos ! ç'o lé ma, moué dé ma,
    Ç'o lé joli moué dé ma.

J'a vu très beun des bés guéchons
Fiambés d'un coup pé des canons,
J'a vu zout bel' maou désolayes
Treu moués eprès tot' consolayes.
Oh ! etc.

J'a vu... mon Dieu ! qu'est-c' qu' j' n'a m' vu ?
Des gens qu'allint lé cu tot nu,
Sé promouëner dans in carasse
Et sé runer po quèque matrasse.
Oh ! etc.

Si jé v' déjeu tot c' qué j'a vu,
Madam' jé n' finéreu me auj'du;
Ma portant d' craint' qué jé n'vennay
J'am mchi r'mett' ça po in aut' vay.

NOTE.

C'est M. de Maigret, à qui ce recueil doit tant de curieuses pages, qui a bien voulu m'envoyer ces trimazos. On en retrouve une leçon plus détaillée dans un article de M. Ch. Abel, *Austrasie,* année 1853. Comme il n'est pas difficile de se procurer cette leçon, je ne la publierai pas ici, pas plus que d'autres Trimazos rapportés aussi par M. Abel et que deux longues pièces de même nature qui ont été imprimées à la suite du *Bétome dou p'tiat fei de Chan Heurlin,* p. 16.

VI

Chant de Quête

(JOUY-AUX-ARCHES)

Entendez tous, pécheurs et pécheresses,
L'on m'a menée joyeuse sur la liesse,
Car pour nous tous souffrir pour Jésus-Christ,
Et à la croix pendu en *escupy*,
Entendez-moi, Seigneur, je suis marrie
Lorsque je suis dans la *baïbaïe*
De mon cher fils qui veut perdre la vie,
Il veut mourir, la mort l'a desservi.

O faux Juif que vous avez ti fait ?
Traître Judas, tu l'as trahi su' l' plat.
Tu ne saurais t'excuser du forfait,
Quand ton Seigneur vendu par ton méfait,
Tu le vendis aux Juifs faussement,
T'en as reçu trente pièces d'argent,
Dont tu en eus le double en paiement,
Au feu d'enfer t'en souffres le tourment.

NOTE.

Nous devons ces deux couplets à M. Bellevoye, notre confrère à l'Académie de Metz. Ils sont fort obscurs, renferment plusieurs mots dont nous ne devinons pas le sens et paraissent fort anciens. Sans chercher à les expliquer, nous les publions parce qu'ils se rattachent à un vieil usage. Dans la matinée du vendredi saint, à Jouy-aux-Arches, des enfants armés de crécelles vont les chanter de porte en porte et obtiennent ainsi quelques œufs, des sous et du lard.

VII

Le Mai

RONDE

(SERROUVILLE)

Voici le mois de mai,
Lon, lon, la, tirelire,
Que donnerai-je à ma mie?
    Lon, la.

Nous lui planterons un mai,
Lon, lon, la, tirelire,
Devant sa porte jolie,
    Lon, la.

Quand sera planté le mai,
Lon, lon, la, tirelire,
Nous demanderons la fille,
    Lon, la.

La plus jeune il nous faut,
Lon, lon, la, tirelire,
Car c'est la plus jolie,
    Lon, la.

— Ma sœur a des amants,
Lon, lon, la, tirelire,
Et moi je resterai fille,
    Lon, la!

LA CHANSON DE LA BERGÈRE

C'est encore à M. Ernest Auricoste de Lazarque que je dois la connaissance de la *Chanson de la Bergère*. M. Auricoste, dans le recueil qu'il a bien voulu me confier, l'a fait précéder d'explications qu'il me permettra de reproduire.

« La chanson suivante est une scène dialoguée que deux jeunes filles, suivies de leurs compagnes, vont chanter le dimanche gras de maison en maison; dans les villages où cet usage s'est conservé, on appelle cela faire la bergère.

« Les deux personnages sont un berger et une bergère : la bergère est habillée de blanc de la tête aux pieds, elle est couverte d'un long voile, tient les yeux baissés et affecte une contenance timide; la jeune fille à qui est confié le rôle de berger, choisie parmi les plus délurées du village, est vêtue d'une robe courte enrubannée et de couleur éclatante, elle porte sur sa tête un immense chapeau ou plutôt un édifice chargé d'un fouillis de fleurs en papier, de rubans, de brimborions et de clinquant. Elle enfle sa voix, cherche à se donner l'air aussi menaçant que possible et tourne continuellement dans un petit espace, en frappant de grands coups à terre, avec le gros bout d'une houlette qu'elle tient verticalement de la main droite.

« Quelques-unes des jeunes filles qui accompagnent ce couple se sont munies de paniers dans lesquels elles reçoivent ce qu'on veut bien leur donner dans les différentes maisons où elles vont répéter leur chanson.

« Avec ces dons qui consistent surtout en fruits, pommes, noix, gâteaux et beignets, faits à l'occasion du carnaval, et quelques pièces de monnaie qui leur servent à se procurer du vin, elles organisent un petit repas où se rendent encore d'autres jeunes filles, quelques garçons, et la soirée se termine gaiement par des chansons et des danses, si on a sous la main quelque racleur de violon.

« Cette chanson se compose d'un dialogue entre la bergère et le berger jaloux. Celui-ci lui fait des reproches amers auxquels, bien entendu, l'innocente bergère a toujours réponse.

« Quand le berger et la bergère, accoutrés comme je l'ai dit, sont entrés dans une maison, le berger écarte les enfants et les curieux en faisant tourner sa grande houlette, de façon à faire faire une place convenable autour de lui, puis commence une sorte de prologue de huit vers qui est simplement déclamé.

« Cette scène de la bergère tombe comme toutes les anciennes coutumes, mais pourtant se joue encore de temps en temps, je l'ai vue à Retonféy, il y a quelques années, en 1858 ou 1859. »

VIII

La Chanson de la Bergère

(RETONFÉY)

Prologue.

LE BERGER

Derrière, ma chère,
Faites place à ces gens d'honneur,
Qui viennent nous apporter
    Un bouquet de fleurs.
Il me semble à mon avis
Qu'il y a une bergère ici.

LA BERGÈRE

Mais la voici.

(Ici commence le dialogue chanté.)

LE BERGER

Ventrebleu ! Marion,
Qui est donc cette clairté
Qui est dans ta cheminée ?
    Morbleu !
Qui est dans ta cheminée ?

LA BERGÈRE

Hélas! mon bel ami,
Ce n'est pas de la clairté;
C'est l'ombre de ma fumée,
    Mon Dieu!
C'est l'ombre de ma fumée.

LE BERGER

Ventrebleu! Marion,
Qui est donc ce chevalier
Qui est dans ton lit couché?
    Morbleu!
Qui est dans ton lit couché?

LA BERGÈRE

Hélas! mon bel ami,
Ce n'est pas un chevalier,
C'est ma compagn' qui est couchée.
    Mon Dieu!
C'est ma compagn' qui est couchée.

LE BERGER

Ventrebleu! Marion,
Ta compagne était-ell' belle?
Avait-ell' la barbe noire?
    Morbleu!
Avait-ell' la barbe noire?

LA BERGÈRE

Hélas! mon bel ami,
Elle a mangé des mour's[1] noires;
Vous semblait qu'elle était noire.
Mon Dieu!
Vous semblait qu'elle était noire.

LE BERGER

Ventrebleu! Marion,
Entre les Chandell's[2] et Pâques,
Y croît-il des moures noires?
Morbleu!
Y croît-il des moures noires?

LA BERGÈRE

Hélas! mon bel ami,
Il y croît des moures noires
Entre Pâqu's et les Chandelles,
Mon Dieu!
Entre Paqu's et les Chandelles!

LE BERGER

Ventrebleu! Marion,
Qu'as-tu fait cette journée,
Qu'au logis n' t'ai pas trouvée?
Morbleu!
Qu'au logis n' t'ai pas trouvée?

---

1. Mûres.
2. La Chandeleur.

LA BERGÈRE

Hélas ! mon bel ami,
J'ai z'été à la fontaine
Chercher d' l'eau pour la s'maine,
  Mon Dieu !
Chercher d' l'eau pour la s'maine.

LE BERGER

Ventrebleu ! Marion,
Te fallait-il un' journée
Pour aller à la fontaine ?
  Morbleu !
Pour aller à la fontaine ?

LA BERGÈRE

Hélas ! mon bel ami,
Les ch'vaux d' la reine y avaient passé,
L'eau y était troublée,
  Mon Dieu !
L'eau y était troublée.

LE BERGER

Ventrebleu ! Marion,
Viens moi montrer les passées
Que les ch'vaux d' la reine y ont laissées ;
  Morbleu !
Que les ch'vaux d' la reine y ont laissées.

LA BERGÈRE

Hélas ! mon bel ami,
Il a neigé cett' nuitée,

Les passées sont rebouchées ;
Mon Dieu !
Les passées sont rebouchées.

LE BERGER

Ventrebleu ! Marion,
Tu es bonn' pour une bergère,
Tu sais bien t'y retourner,
Morbleu !
Tu sais bien t'y retourner.

LA BERGÈRE

Hélas ! mon bel ami,
Quand j'y étais chez mon père,
J'ai toujours été bergère,
Mon Dieu !
J'ai toujours été bergère.

LE BERGER

Ventrebleu ! Marion,
J'irai, j'irai chez ton père,
Te ferai battr' par ta mère,
Morbleu !
Te ferai battr' par ta mère.

LA BERGÈRE

Hélas ! hélas ! mon bel ami,
J'irai, j'irai chez mon père,
J'aurai à dîner chez ma mère,
Mon Dieu !
J'aurai à dîner chez ma mère.

LE BERGER

Ventrebleu! Marion,
Je t'y mènerai z'en lasse[1],
Je t'y ferai chien de chasse,
Morbleu!
Je t'y ferai chien de chasse.

LA BERGÈRE

Hélas! mon bel ami,
Non, je n'irai point en lasse,
J' n'y serai pas chien de chasse,
Mon Dieu!
J' n'y serai pas chien de chasse.

LE BERGER

Ventrebleu! Marion,
Je t'y mènerai z'en Flandre,
Et puis t'y ferai pendre!
Morbleu!
Et puis t'y ferai pendre.

LA BERGÈRE

Hélas! mon bel ami,
Laissez, laissez ces potences
Pour ces grands voleurs de France,
Mon Dieu!
Pour ces grands voleurs de France.

---

1. Laisse.

NOTE.

Les derniers vers de cette chanson avaient d'abord fait penser à M. Auricoste de Lazarque et à moi que cette pièce avait une origine lorraine; mais ces derniers vers ont été ajoutés à une production très-répandue en France et même hors de France. On trouve la *Chanson de la Bergère* dans le *Romancero de Champagne*, t. II, p. 98; les *Poésies populaires de l'Agenais*, p. 116; les *Chants pop. de la Provence*, t. II, p. 152; les *Canti Monferrini*, n° 70; les *Canti veneziani*, livraison 8; la *Littérature pop. de la Gascogne*, p. 316; les *Cansons de la Terra*, t. II, p. 69. J'ai moi-même rapporté du Béarn une variante de cette pièce dont quinze rédactions ont été envoyées au Comité de la langue et se retrouvent dans la collection manuscrite de la Bibliothèque nationale (*Poésies pop. de France*, n°s 3,338-3343). Comme offrant avec notre chanson une ressemblance plus lointaine, nous indiquerons le *Vieux Wichet et sa femme*, dont M. Rathery s'est occupé en parlant des *Chants pop. de l'Angleterre* (*Revue des Deux-Mondes*, 15 oct. 1863); le romance espagnol *Blanca Niña*; le chant grec de *Constantin*; plusieurs romances portugais (*Cantos pop. do Archipelago açoriano*, p. 237; *Romanceiro geral*, p. 161, 162); *le Fabliau du Chevalier à la robe vermeille* (Méon, t. III, p. 296). Une ballade danoise, *la Profondeur de la mer* (Ampère, *Littérature, voyages et poésie*, t. I, p. 485), roule sur les ruses des femmes et a une vague ressemblance avec notre chanson. On lui trouve son parallèle bien plus exact dans un chant de la Carniole (recueil d'A. Grun, n° 25), mais là il est question d'une noble dame, son mari lui tranche la tête après lui avoir fait subir un interrogatoire et avoir écouté les réponses par lesquelles elle tente d'expliquer des indices révélateurs. Dans plusieurs variantes, — la provençale, la vénitienne, la catalane, — la coupable, comme dans notre chanson, prétend qu'elle a mangé des mûres.

CHANSONS DE NOCES

Nous avons recueilli diverses chansons qui se chantent encore aux mariages. La première qu'on va lire, nous a été communiquée avec des variantes par diverses personnes et entre autres par M. Auricoste; ce dernier l'a fait précéder d'explications que nous allons donner à nos lecteurs :

« Cette chanson se perpétue par un ancien usage encore en vigueur. Elle se chante aux noces, et voici de quelle façon. Le soir du jour du mariage, des jeunes garçons, des jeunes filles, voire des hommes et des femmes, viennent par petites bandes, sous les fenêtres de la chambre où la société est réunie, et entonnent en chœur la chanson consacrée. A la table tout le monde se tait et écoute religieusement, et cela aussi souvent que le chant se renouvelle dans la soirée, puis quelqu'un de la maison se lève et va porter aux chanteurs soit une tarte, soit du gâteau avec une bouteille de vin.

« Cette vieille chanson ne manque jamais son effet, impression en partie produite par le charme que tout le monde ressent à entendre un air simple et touchant, chanté dans la nuit par des voix un peu éloignées et nombreuses, et beaucoup parce que depuis plusieurs générations ce vieux chant s'est intimement lié à la vie de chacun; chez les anciens c'est un souvenir, pour les jeunes gens une espérance, pour tous une espèce de consécration, un épithalame attendu sans lequel la soirée manquerait d'une cérémonie et d'un plaisir accoutumés. »

Dans une rédaction recueillie à Fleury, cette chanson se termine par des couplets que l'on retrouve à la fin d'une autre chanson, les voici :

Puisque mon congé m'est donné,
Hors du pays je m'en irai;
Je m'en irai de ville en ville,
Dedans des pays éloignés.

Je ferai faire un' belle image,
Semblable à vous, mes chers amours,
Je la mettrai dans ma pochette,
J' la baiserai cent fois par jour.

Oh! que diront mes camarades,
Me voir baiser ce papier blanc;
C'est le portrait de ma maîtresse,
De cell' que mon cœur aime tant.

On lit des couplets analogues dans le recueil de Bladé, p. 92. Un poëte des Iles Éoliennes a dit :

Ritrattieddu di tia mi vogghiu fari,
Mi mi lu portu lu jornu cu mia,
Quannu cu tia non pozzu ragiunari
Vardu lu to ritrattu e sù cu tia.
(Lizio Bruno, *Canti pop. delle Isole Eolie,* I, 177.)

IX

Réveillez-vous, Belle endormie

(RETONFÉY)

— Réveillez-vous, belle endormie,
Réveillez-vous, car il est jour
Mettez la tête à la fenêtre,
Vous entendrez parler à vous.

— Quel est celui-là qui m'appelle?
Quel est celui agréable et doux?
— C'est votre amant, ma colombelle,
Qui désir' de parler à vous.

— Mon père est là-haut dans nos chambres,
Dessus son lit prend son repos ;
Dedans sa main tient une lettre,
Que votre congé soit donné.

— Puisque congé z'il me faut prendre,
Hors du pays je m'en irai,
Je m'en irai dans ces bocages,
Finir mes jours, mes chers amours.

X

La Fiancée

ROMANCE

(AUDUN-LE-ROMAN)

Adieu, fleur de jeunesse,
Puisque me faut la quitter,
La nobl' qualité de fille,
Père et mère, m' les faut quitter.

J'ai promis dans mon jeune âge
Qu' jamais je n' m'y marierai.
J'y trouve de l'avantage,
Mes parents, il faut vous quitter.

Les filles qui sont à table,
Que je vois devant mes yeux,
Quand je les vois, que j' les regarde,
Les larmes me tombent des yeux.

L'anneau d'or que je porte,
On me l'a mis dans mon doigt ;
C'est mon amant qui m' le donne,
Pour finir ses jours avec moi.

— Oui, ma chère mignonne,
Oui-dà, je vous l'ai donné,
C'est pour passer votre jeunesse
En paix et en tranquillité.

NOTE.

Cette chanson, que nous a communiquée M. le comte de Maigret, est aussi connue dans la Meurthe (voyez les *Chants populaires de la Lorraine,* publiés dans le tome IV du *Bulletin de la Société d'archéologie lorraine,* p. 514); c'est une de celles qui se chantent ou plutôt se chantaient le jour des noces. M. Ernest Auricoste en a recueilli une leçon qui offre une assez grande différence dans un couplet, le voici :

Et la ceinture que j'y porte,
Fait trois tours autour de moi;
C'est mon amant qui me la donne
Pour passer ses jours avec moi.

XI

Chanson de Noce

(CONDÉ)

Voici l'amant qui vous adore,
Mademoiselle, à vos genoux;
Mais je vous le répète encore,
Il veut être votre époux.
Ah! quel plaisir, ah! quel charme,
D'être unis d'un lien si doux;
Donc vous n' verserez plus de larmes.

Il est constant, c'est l'amour même,
Vous avez son cœur et sa foi;
Il est constant, c'est l'amour même;
Il n'aimera d'autre que vous.
Ah! quel plaisir...

Il ne sera jamais volage,
Il vous l'a promis sur son cœur;
Il ne sera jamais volage,
Il n'aimera d'autre que vous.
Ah! quel plaisir...

C'est aujourd'hui le jour choisi,
Qui nous unira pour toujours,
Le plus beau jour de votre vie,
Le triomphe de vos amours.
Ah! quel plaisir...

XII

Chanson pour demander la Mariée

(RÉMILLY)

Vous voulez me faire chanter,
    Hélas! quelle folie!
Vous croyez que je vais charmer
    Toute la compagnie,
Vous croyez que je vais chanter
En musique, en cadence,
Si vous blâmez mes efforts,
Louez ma complaisance.

Je vois une rare beauté,
Messieurs, à votre table,
Je crois que c'est la mariée,
Ah! qu'elle est agréable.
Le vin qui rougit son verre
Brille moins que sa bouche.
A la santé du marié
Et de sa chère épouse!

Nous sommes venus tout exprès,
Messieurs, à votre table,
Pour vous demander une grâce,
Si vous voulez l'accorder.
Et sans trop nous faire attendre,
C'est de nous donner la mariée,
Une heure à notre table.

XIII

La Demande en Mariage

(VIGY)

— Vous me demandez en mariage,
Je suis sensible à votre hommage,
Mais, Monsieur, je ne vous le cache pas,
Je suis dans un grand embarras,
C'est pour longtemps qu'on se marie,
Il faut donc un peu de sympathie,
Et je crains qu'entre nous, quand nous serons époux,
Nous n'ayons pas les mêmes goûts.
    — Vous ferez ce que vous voudrez,
      Même davantage,
      Ce qui vous plaît,
Ce qui vous va, Mamzelle, toujours m'ira,
Ce n'est pas cela qui nous empêchera
    D'être heureux en ménage.

— Allez, je suis bonne ménagère,
Mais j'ai la tête un peu légère,

J'aime à changer à toute heure, en tout temps,
De bonnets et de rubans ;
J'aime à aller à toutes les fêtes,
J'aime à avoir de belles toilettes,
Et pour me plaire il faudrait tous les jours,
Nouveaux attraits, nouveaux atours.
    — Vous en aurez tant que vous voudrez,
      Même davantage,
        Ce qui vous plaît,
Ce qui vous va, Mamzelle, toujours m'ira,
Ce n'est pas cela qui nous empêchera
    D'être heureux en ménage.

— Au fond j'ai le meilleur caractère,
Seulement je me mets en colère,
C'est en vérité, plus fort que ma volonté,
C'est nécessaire à ma santé.
. . . .

Mais, hélas ! ce n'est pas tout encore,
J'ai plus d'un défaut que l'on ignore,
Et je veux ici vous avertir,
Pour n'avoir aucun repentir,
Je cède à tout sans que l'on me prie ;
Mais sitôt que l'on me contrarie,
J'ai la main prompte, et si je le donnais,
J'en serais bien fâchée après.
    — Vous me battrez tant que vous voudrez,
      Même davantage,
        Ce qui vous plaît,
Ce qui vous va, Mamzelle, etc.

Autrefois un garçon du village
Me recherchait pour le mariage,
Quand, sous les drapeaux de la valeur,
Il partit avec l'empereur.
Qu'est-il devenu, je l'ignore,
Mais je crois que j'y pense encore,
Et je ne pourrai malgré moi, je le sens,
Penser à d'autres de longtemps.
 — Vous m'aimerez quand vous le pourrez,
  Et pas davantage,
   Jusque-là, [attendra,
Moi pour deux, mon cœur, Mamzelle, vous
Ce n'est point, etc.

— C'en est fait, je vous rends les armes,
Et je suis confuse jusqu'aux larmes,
Et je ne sais quel sentiment nouveau
Mon cœur éprouve en ce moment :
Est-ce de la reconnaissance?
Est-ce de l'amour qui commence?
Je n'en sais rien, mais bien sûr pour époux,
Je n'en veux plus d'autre que vous,
  Et pour vous en donner un gage,
  Je n'y puis tenir davantage.
Il faut ici à l'instant me laisser
De tout mon cœur vous embrasser.

NOTE.

C'est à M. Auricoste de Lazarque que je dois cette chanson un peu longue, un peu artistique de forme, mais qui me semble avoir bien sa place ici. On trouvera encore, dans le second volume, d'autres chansons dont le mariage a fait les frais, mais elles sont plutôt composées sous une inspiration satirique.

TABLE

	Pages.
Avant-propos	v
Préface de la première édition	1
Bibliographie	32
Indication des villes et villages cités	36
BALLADES ET CHANTS ÉPISODIQUES	37
I. — Le roi Renaud	39
II. — Germaine	47
III. — Le Retour du mari	60
IV. — Le Soldat revenant de la guerre	65
V. — Le Dragon	67
VI. — Trop tard	69
VII. — La Femme abandonnée	72
VIII. — Petite Rosalie	74
IX. — L'Amant fidèle	77
X. — L'Enlèvement	80
XI. — Les deux Amants	82
XII. — Le Capitaine et la Fille prisonnière	85

Pages.

XIII.	— La Maîtresse captive	87
XIV.	— Le Prisonnier de la ville de Nantes .	91
XV.	— L'Évasion	93
XVI.	— L'Épreuve	97
XVII.	— Même sujet.	99
XVIII.	— Le Pont des Morts.	102
XIX.	— L'Amant noyé	104
XX.	— Le Pommier	107
XXI.	— L'Infanticide	110
XXII.	— La Fille pendue.	112
XXIII.	— La Damnée.	115
XXIV.	— Les deux Marins.	118
XXV.	— La brave Claudine.	120
XXVI.	— La Fille soldat	122
XXVII.	— L'Assassin	127
XXVIII.	— Les Demoiselles du château de Bonfort.	131
XXIX.	— Autre leçon.	134
XXX.	— La Fille du pâtissier	137
XXXI.	— Renauld et ses quatorze Femmes . .	140
XXXII.	— La Fille du prince	146
XXXIII.	— L'Amant discret.	153
XXXIV.	— La Rencontre.	154
XXXV.	— La Bergère rusée	160
XXXVI.	— Même sujet.	161
XXXVII.	— La Bergère moqueuse	164
XXXVIII.	— Chanson nouvelle	166
XXXIX.	— Le Seigneur et la Jardinière. . . .	169
XL.	— La belle Meunière	172
XLI.	— La Bergère et le Seigneur.	176

		Pages.
XLII.	— La Fille du vigneron.	178
XLIII.	— La Bergère et le Loup	180
XLIV.	— Même sujet.	182
XLV.	— La Batelière	187
XLVI.	— Le Panier	189
XLVII.	— Le Coffre.	194
XLVIII.	— La Culotte de velours.	197
XLIX.	— A bon Chat bon Rat	201
L.	— Le Chaudronnier	203
LI.	— Le Revenant	205
LII.	— Joie inespérée.	208
LIII.	— Le Déserteur	210
LIV.	— Même sujet.	212
LV.	— Le Déserteur	214
LVI.	— Le jeune Tambour.	218
LVII.	— La Mort du guerrier	223
LVIII.	— Le Roi d'Angleterre	226
LIX.	— Le Proscrit.	229
LX.	— L'Assassin	230
LXI.	— Le Duc du Maine	233
LXII.	— La Fille du duc de l'arme	236
LXIII.	— Le Gouverneur de Fischer	238
LXIV.	— L'Eau et le Vin.	241

Chansons relatives a d'anciens usages 247

I.	— Trimazos.	250
II.	— —	252
III.	— —	254

		Pages.
IV.	Trimazos............	256
V.	— —	258
VI.	— Chant de quête	260
VII.	— Le Mai............	262
VIII.	— La Chanson de la bergère........	265

CHANSONS DE NOCES............ 272

IX.	— Réveillez-vous, Belle endormie	274
X.	— La Fiancée............	275
XI.	— Chanson de noce	277
XII.	— Chanson pour demander la mariée. ...	278
XIII.	— La Demande en mariage	279

Nancy, imp. Berger-Levrault et Cie.

EXTRAIT DU CATALOGUE DE LA LIBRAIRIE CHAMPION

Adam. Les patois lorrains. Nancy, 1881, in-8º. . . . . 10 fr.

Chambure (de). Glossaire du Morvan. Étude sur le langage de cette contrée comparé avec les principaux dialectes ou patois de la France, de la Belgique wallonne, de la Suisse romande. Paris, 1878, in-4º. . . . . 30 fr.

Chabrand et de Rochas. Patois des Alpes Cottiennes (Briançonnais et vallées vaudoises, et en particulier du Queyras). Paris, 1877, in-8º. 7 fr. 50 c.

Jouve. Chansons en patois vosgien recueillies et annotées avec un glossaire et la musique. Épinal, 1876, in-8º. . . . . 3 fr.

Mistral. Lou tresor dou felibrige ou Dictionnaire provençal-français, embrassant les divers dialectes de la langue d'Oc moyenne. Aix, 1879, in-4º, livraisons 1 à 17. . . . . 34 fr.
Cet ouvrage important comprendra de 40 à 45 livraisons.

Meyer (Paul). Documents manuscrits conservés dans les bibliothèques de la Grande-Bretagne. Rapports à M. le ministre de l'instruction publique. Première partie. Paris, 1871, in-8º. . . . . 6 fr.

Raynaud. Le chansonnier Clairambault, de la Bibliothèque nationale. Paris, 1879, in-8º. . . . . 2 fr.

Contejean. Glossaire du patois de Montbéliard. Montbéliard, 1876, in-8º. 7 fr. 50 c.

Perron. Proverbes de la Franche-Comté. Études historiques et critiques. Paris, 1876, in-8º. . . . . 3 fr. 50 c.

La Curne de Sainte-Palaye. Dictionnaire historique de l'ancien langage françois, ou glossaire de la langue françoise depuis son origine jusqu'à nos jours, publié par les soins de MM. Favre et Pajot, contenant la signification primitive et secondaire des vieux mots, les étymologies, etc. Paris, 1877-1879, 8 vol. in-4º, tomes I à VI. . . . . 240 fr.

Le Duc (Ph.). Chansons et lettres patoises, bressanes, bugeysiennes et dombistes, avec une étude sur le patois du pays de Gex et la musique des chansons. Bourg en Bresse. 1881, in-8º. . . . . 6 fr.

Gilliéron. Petit atlas phonétique du Valais roman (Sud du Rhône). Paris, 1881, in-12, atlas avec texte. . . . . 7 fr.

Luzel. Veillées bretonnes, mœurs, chants, contes et récits populaires des Bretons Armoricains. Paris, 1878, in-12. . . . . 2 fr. 50 c.

Delboulle. Glossaire de la vallée d'Yères, pour servir à l'intelligence du dialecte haut-normand. Le Havre, 1876. Supplément. 1877, in-8º. 10 fr.

— Matériaux pour servir à l'historique du français. Paris, 1880, in-8º. 8 fr.

Sardou. Le Martyre de sainte Agnès, mystère en vieille langue provençale, texte revu sur l'unique manuscrit original, accompagné d'une traduction littéraire en regard et de nombreuses notes; nouvelle édition enrichie de seize morceaux de chant du XIIe et du XIIIe siècle, notés suivant l'usage du vieux temps et reproduits en notation moderne, par l'abbé Raillard. Nice et Paris, 1877, in-8º. . . . . 5 fr.

Nancy, imprimerie Berger-Levrault et Cie.

www.ingramcontent.com/pod-product-compliance
Lightning Source LLC
Chambersburg PA
CBHW062010180426
43199CB00034B/2259